ANARKHOS

Colección dirigida por
Juan Manuel González Otero
e Ignacio Pablo Rico Guastavino

PRINCIPIOS
DEL
ANARCOCAPITALISMO
Y LA
DEMARQUÍA

ANTONY P. MUELLER

PRINCIPIOS DEL ANARCOCAPITALISMO Y LA DEMARQUÍA

Edición y traducción de
Gilberto Ramírez Espinosa

Unión Editorial
2025

Título original: *Principles of Anarcho-Capitalism and Demarchy*
Copyright © 2018 by Antony P. Mueller.
All Rights Reserved. Revised and expanded edition July 2018 based on
chapters 1 and 8 of «Beyond the State and Politics.
Capitalism for the New Millennium»

Portada: #EBL

© 2025 UNIÓN EDITORIAL, S.A.
c/ Hilarión Eslava,21 • Local • 28015 Madrid
Tel.: 91 350 02 28
Correo: editorial@unioneditorial.net
www.unioneditorial.es

ISBN: 978-84-7209-959-3
Depósito legal: M. 18.658-2025

Artes interiores y cubiertas: Ignacio P. Rico.
Compuesto e impreso por EL BUEY LIBERAL, S.L.

Impreso en España • *Printed in Spain*

ÍNDICE

PREFACIO

La agenda política de la democracia moderna afirma que el gobierno podría prevenir y curar el desempleo, las crisis económicas, las recesiones, las depresiones, la inflación, la deflación y la desigualdad y que el Estado podría proporcionar educación, atención sanitaria y seguridad social para todos. Las promesas de aumento de los ingresos y del empleo dominan las campañas políticas. Sin embargo, la política nunca ha logrado estas reivindicaciones. En el futuro, el sistema de partidos políticos cumplirá aún menos sus pretensiones.

Sin embargo, las políticas tradicionales no han funcionado y aún menos funcionarán en el nuevo milenio. La respuesta no es más de lo viejo, sino que debemos eliminar la política y el Estado. Tenemos que acabar con las políticas económicas y sociales convencionales. La respuesta no es más Estado de bienestar e intervención gubernamental, sino menos Estado y más capitalismo libre.

Las nuevas tecnologías contienen la solución de los problemas que ellas presentan. Mientras que el progreso tecnológico destruye ocupaciones, las innovaciones hacen que la economía sea más productiva. La clave del futuro no es el crecimiento y el empleo, sino una mayor productividad.

Las nuevas herramientas dejarán obsoleto el aparato político y permitirán privatizar las funciones del gobierno y de la administración pública. Con el fin de la política partidista y del dominio monopolista del Estado, una carga financiera colosal cae de los hombros de la población. Imaginemos un mundo donde el costo de vida sea sólo una fracción del actual, y los impuestos y contribuciones requieran sólo una parte insignificante de los ingresos. Con una productividad tan alta que el poder adquisitivo de los salarios superaría al actual, las ansiedades que afligen a la gente hoy en día sobre la seguridad laboral se disiparían.

En contraste con un sistema de capitalismo libre y de una sociedad sin Estado, el sistema de gobierno socialdemócrata y «liberal» contemporáneo avanza hacia un mayor gasto público, más deuda pública y más regulación. El funcionamiento interno del sistema actual conduce a impuestos más altos y más contribuciones. La deuda pública seguirá aumentando. El punto final del sistema existente de democracia de partidos, bienestar social y capitalismo de Estado no es la estabilidad, la riqueza y la libertad, sino la quiebra, la miseria y la represión del Estado. Sin un cambio hacia un orden libertario de una sociedad sin Estado, el camino conduce a un sistema en el que las nuevas tecnologías se convertirán en instrumentos mortíferos de control estatal integral en manos de un régimen totalitario.

Para evitar un nuevo totalitarismo, la respuesta es más capitalismo y menos política. Un orden libertario de este tipo acabaría con la política partidista mediante un sistema llamado «demarquía» o «sorteo», en el que el cuerpo legislativo se selecciona por sorteo. Un sistema político libre de partidos políticos, junto con la introducción de un orden monetario basado en el mercado y la provisión privada de leyes y seguridad, minimizaría y finalmente aboliría al Estado como organización monopolística de dominación. Un orden anarcocapitalista abriría el camino para que las nuevas tecnologías acabaran con la avalancha de políticas y regulaciones públicas y así eliminaran el sistema actual, que es tan ineficiente, corrupto, injusto y que en esencia también es antidemocrático.

«Principios del anarcocapitalismo y la demarquía», destaca en la primera parte las exigencias de un orden político y económico más allá del actual sistema de capitalismo de estado, política de partidos políticos e intervención gubernamental. La segunda parte analiza la estructura de gobierno en un orden libertario y los detalles de un proceso de composición del cuerpo legislativo mediante selección aleatoria entre los miembros de la circunscripción. La tercera parte proporciona diez leyes fundamentales de la economía como pautas para la creación de un orden económico y político anarcocapitalista. El folleto termina con una perspectiva y se complementa con extensas referencias bibliográficas y una bibliografía comentada sobre el anarcocapitalismo escrita por Hans-Hermann Hoppe como base para estudios e investigaciones adicionales.

INTRODUCCIÓN

El Estado se ha convertido en una carga para la economía. Contrariamente a lo que se afirma, la política económica no promueve la estabilidad y el crecimiento económico. El intervencionismo obstaculiza el aumento de la productividad y el punto de apoyo de la prosperidad.

Ninguna economía compleja puede prosperar bajo las limitaciones de reglas morales tribales. Guiada por principios obsoletos –como la justicia social– la economía se vuelve frágil y menos productiva. Sin embargo, en lugar de cambiar el sistema económico actual hacia más capitalismo, se ha producido lo contrario. El capitalismo se ha vuelto más administrativo. Estamos avanzando hacia el socialismo y el precio que debemos pagar por este error es cada vez mayor.

El Estado administrativo moderno está activo en todos los sectores de la economía y la sociedad. El dinero está en manos del Estado. Como tal, el Estado participa en cada transacción monetaria. El sector público está presente en forma de impuestos y el gobierno desempeña el papel de agente económico con el gasto, particularmente en áreas como el ejército, la salud, las pensiones y la educación.

El Estado intervencionista se ha apoderado de la economía. Sin embargo, las propias políticas económicas del gobierno provocan muchos de los males que supuestamente curan. En lugar de suavizar el ciclo económico para estabilizar la economía y fortalecer los factores que generan el crecimiento económico, el

15

impacto de la política monetaria y fiscal debilita y desestabiliza la economía. Los responsables de las políticas económicas ignoran que las fluctuaciones de las actividades económicas son naturales e indispensables, ya que muestran a los empresarios que existen distorsiones en la estructura de capital y que la gestión empresarial debe, por tanto, modificar las asignaciones defectuosas. Las políticas de estímulo económico suprimen las señales de crisis. Sin embargo, estos indicadores –como la tasa de interés– son importantes para informar sobre cómo funciona la economía y son necesarios para incentivar a las empresas a cambiar proyectos inadecuados a su debido tiempo. Cuando los precios, los salarios y las tasas de interés ya no sirven como indicadores económicos confiables, los mecanismos de ajuste del mercado se distorsionan y los operadores económicos continúan cometiendo errores. Las distorsiones se extienden por toda la economía y cuanto más larga e intensa ha sido la intervención estatal, más difícil resulta modificar la estructura de producción. El auge artificial que instigaron los gobiernos se convierte en el preludio de la próxima caída.

Guiado por las ideas falsas que difunden los medios de comunicación y que forman parte de los programas de estudios de las escuelas y universidades, el gobierno se ha convertido en un supresor de la creación de riqueza.

Es hora de abandonar los mitos sobre el Estado, la política y la economía. El moderno sistema de partidos políticos no es democrático ni beneficioso para el pueblo. Los parlamentos no son representativos del pueblo. El actual sistema monetario internacional no promueve la prosperidad. Para salir de estos enigmas, más Estado y más política no ayudarán. Necesitamos una sociedad libre y una economía libre. Un paso decisivo para lograr este objetivo es eliminar las elecciones políticas. La tecnología moderna permite la elección de representantes mediante selección aleatoria. Una Asamblea legislativa cuyos miembros lleguen a sus cargos por sorteo, incluso si fuera más grande que los parlamentos actuales, costaría menos que un sistema electoral, sería más representativa y, en este sentido, sería mucho más democrática. Con la duración limitada del servicio, los representantes regresarían a su vida civil y su elaboración de leyes estaría libre de los males que conlleva el actual sistema de partidos políticos y sus políticos cuyo principal objetivo es el arribismo.

La política es un obstáculo para la creación de riqueza. Bajo el sistema político de la democracia de partidos moderno, sólo existe un tipo falsificado de capitalismo. El gobierno de la democracia de partidos socava la economía de libre mercado. Para llegar a un capitalismo desenfrenado y lograr una auténtica economía de mercado, es necesario abolir la política. Cuanto menos espacio haya para la política y menos acción gubernamental, más rápido surgirá un capitalismo libre. Semejante cambio se ha convertido en una necesidad porque necesitamos un sistema económico de máxima productividad.

Un paso en el camino hacia una sociedad libre sería, primero, establecer una democracia verdaderamente representativa seleccionando aleatoriamente a los delegados del pueblo. Una «democracia aleatoria», también llamado «sorteo», establecería las condiciones para una nueva legislación más allá de los intereses especiales que dominan una democracia basada en elecciones. Un cuerpo de legisladores apolíticos seleccionados al azar representaría al pueblo. El uso de dinero público para comprar votos y servir a grupos de intereses especiales para promover carreras políticas desaparecería. Si bien la lógica del actual sistema de elecciones políticas respalda el gasto público y más deuda e impuestos públicos, un parlamento seleccionado al azar pondría fin al uso de dinero público para comprar votos. El papel del Estado disminuiría junto con el papel de la política.

Un paso más hacia el capitalismo libre sería acabar con el banco central y acabar con el monopolio monetario estatal. Un sistema monetario privado restringiría la libertad del Estado para gastar. Eliminar un banco central y establecer un sistema de dinero libre limitaría el crecimiento de la deuda pública. El sistema de gobierno de los partidos políticos permite el engaño según el cual cada ciudadano podría vivir de la generosidad del Estado si tan sólo el partido correcto ganara las elecciones. Un sistema monetario desenmascararía este fraude. Bajo la banca libre, el Estado pierde su monopolio sobre la moneda. El papel de la moneda nacional como única «moneda de curso legal» desaparecería.

La revolución libertaria no consiste en un levantamiento violento, sino que surge a través de la comprensión. Una revolución así requiere un enfoque experimental. La victoria del libertarismo no requiere mártires. Un capitalismo libre surgirá como el sistema económico con mayor productividad cuando caigan las cadenas del Estado moderno.

Para algunos, el punto de inflexión hacia un verdadero capitalismo puede parecer utópico. Sin embargo, esta objeción ha sido válida para todas las innovaciones políticas. Los antiguos griegos hablaban de democracia, pero no podían imaginar una sociedad sin esclavitud. Los romanos pensaban que era imposible gobernar sin la pena capital. La monarquía era sagrada para el pueblo de la Edad Media. Así como estas creencias del pasado han desaparecido, también desaparecerán los credos políticos actuales de que una sociedad necesita partidos políticos, dinero estatal, administración estatal y un monopolio público sobre la aplicación de la fuerza para garantizar la justicia y la seguridad.

I
MÁS ALLÁ DEL ESTADO Y LA POLÍTICA

Finalmente, se puede decir con certeza: la desconfianza hacia todos los gobernantes, la comprensión de la naturaleza inútil y tediosa de estas luchas de corta duración, deben llevar a la gente a una conclusión completamente nueva: la abolición del concepto de Estado, la abolición de la oposición «privado y público». Paso a paso, las empresas privadas se hacen cargo de los asuntos del Estado: incluso el resto más difícil que queda del antiguo trabajo del gobierno (la actividad, por ejemplo, que consiste en proteger a lo privado contra lo privado), finalmente será asumido por empresarios privados.

Friedrich Nietzche: *Humano: Todo al humano.*
Capítulo 10. Tema Ocho «Una mirada al Estado» (1878)

Todos los sistemas políticos existentes tienen su ancla en la violencia. Este también es el caso de la democracia en un Estado que reclama el monopolio del uso de la fuerza. El capitalismo genuino, por el contrario, requiere un sistema de libertad universal y no violencia.

'Anarcocapitalismo' es el nombre de un gobierno que tiene como primeros principios la propiedad, la libertad y la no agresión. En el espectro político, el libertarismo difiere del liberalismo clásico y del uso estadounidense de la palabra «liberalismo».

El liberalismo clásico puso la propiedad en el centro de este sistema de gobierno. Sin embargo, los liberales clásicos no fueron lo suficientemente estrictos a la hora de levantar la barrera contra la erosión de los derechos de propiedad. Un orden político de libertad requiere una sociedad con un mínimo de Estado.

La libertad requiere una adhesión inflexible a los derechos de propiedad y a las relaciones de intercambio voluntarias. Tanto mercado como sea posible tan poco Estado como sea necesario se refiere sólo al camino. En última instancia, el ideal del anarcocapitalismo es minimizar y abolir el Estado como portador del monopolio de la violencia.

Sin embargo, el anarquismo en el sentido de ausencia de fuerza autoritaria no significa que el orden no existiría.

Según el ideal del orden liberal, habrá un orden legal y social, sólo que será privado. El anarcocapitalismo exige instituciones privadas que se ocupen de la seguridad interna y externa. El anarcocapitalismo no promueve la anarquía sino la transformación del Estado como institución pública en un orden jurídico privado.

ECONOMÍA Y SOCIEDAD

Un orden económico y una sociedad no surgen ni desaparecen independientemente uno del otro. La cuestión es qué sistema social y qué orden político armoniza mejor con un sistema económico productivo. Un capitalismo libre no puede desarrollarse dentro de un sistema político dominado por la violencia. En el pasado, todo orden político surgió de la violencia y surgió de la aplicación sistemática de la fuerza. Ninguno de los sistemas de gobernanza existentes ha producido un capitalismo libre. No ha habido ningún período en la historia en el que la gente pudiera disfrutar del pleno potencial de un sistema económico productivo.

Ni la Revolución Francesa ni el movimiento independentista estadounidense fueron pacíficos. Los soviéticos tomaron el gobierno por la fuerza. Más tarde, la Unión Soviética instituyó por la fuerza sus gobiernos vasallos en Europa del Este. La democracia de Alemania Occidental surgió de las cenizas de la Segunda Guerra Mundial. La fundación de la República Federal de Alemania se produjo como país ocupado bajo las armas de las fuerzas armadas aliadas. Los propios aliados tenían la fuerza como fuente de su legitimidad porque –ya fuera la revolución estadounidense, la francesa, la rusa o, como en Inglaterra, la revolución «gloriosa»– cada una de ellas tenía la violencia como trampolín.

No ha sido posible que una sociedad libre se afirme ya que siempre ha habido movimientos violentos que han suprimido la libertad. Al final de la historia se encuentra un orden económico y social libertario. Es un cambio fundamental porque, desde la formación de comunidades políticas, el motor de la evolución social ha sido la violencia. Sólo paso a paso la violencia ha sido controlada y dejada de lado por la economía como fuerza motriz del desarrollo. Bajo el anarcocapitalismo, este proceso llegaría a buen término rechazando la agresión en favor de la entronización de relaciones de intercambio económico voluntario. A diferencia de todas las demás formas de gobierno, la legitimación de un orden libertario y su institucionalización proviene del conocimiento y no de la fuerza.

No es que la actual «democracia liberal» marque el fin de la historia, pero el anarcocapitalismo significa el fin del Estado.

A diferencia de otros sistemas políticos, el anarcocapitalismo se basa en la estricta observancia del principio de no agresión. Por lo tanto, un sistema libertario de gobierno no puede surgir mediante la fuerza. En este sentido, el orden social libertario se sitúa al final del desarrollo político histórico. Es el sistema político por defecto. El libertarismo marca el final de la evolución política después de que todas las alternativas hayan fracasado.

El orden social libertario surge después de que se ha hecho manifiesto que los sistemas políticos anteriores (democracia, monarquía, nobleza, fascismo, intervencionismo, comunismo, dictadura militar, etc.) han fracasado y fracasarán en el futuro, cualesquiera que sean sus modificaciones.

El anarcocapitalismo funciona como una sociedad privada por contrato.

El principio de propiedad personal significa que todas las reglas sociales deben estar de acuerdo con este principio y, por lo tanto, ninguna otra instancia es legítima (incluido el llamado «derecho» de la mayoría) para gobernar al individuo.

La propiedad privada determina el derecho del individuo a utilizar esta propiedad, incluidos los bienes de producción.

Un orden anarcocapitalista requiere la desaparición del Estado y la despolitización de la sociedad.

PRINCIPIOS FUNDAMENTALES DEL ANARCOCAPITALISMO

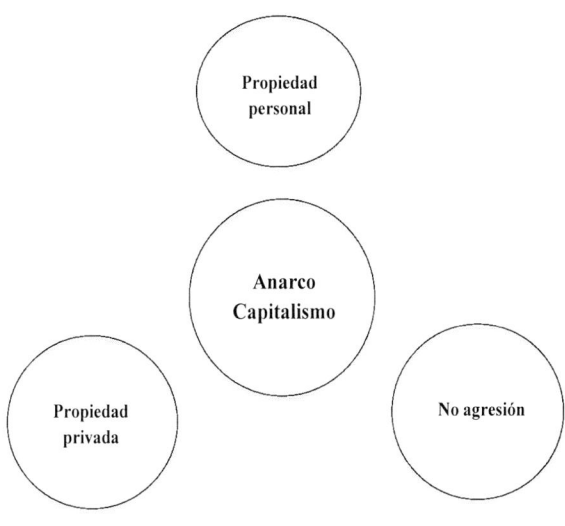

* * *

Un orden anarcocapitalista se vuelve posible si las alternativas basadas en la violencia han perdido su legitimidad. El libertarismo exige perspicacia. La coerción ya no será el modo de acción política, sino que el poder político mismo estará sujeto a la razón.

Depende de la evolución si las funciones del Estado continúan como instituciones, que son como el Estado conocido, y por lo tanto el Estado se hace más pequeño (el orden liberal como Estado mínimo) –o si emergen nuevas formas de Estado–, surgirá el orden libre. En principio, sólo puede haber capitalismo libre y un auténtico «gobierno del pueblo, por y para el pueblo» dentro de un orden anarcocapitalista en el que el monopolio de la fuerza del Estado haya desaparecido y los partidos políticos hayan desaparecido.

CAPITALISMO DE ESTADO

En el orden político de la democracia moderna, es el voto mayoritario con el principio «un hombre, un voto» lo que distingue este sistema de las formas autoritarias de gobierno de épocas anteriores. Este sistema político, sin embargo, es una farsa, porque también en la democracia el aparato estatal prevalece de manera autoritaria y dictatorial. La democracia no es el gobierno de la mayoría sino una tiranía de las minorías. En el ejercicio de su tiranía, los gobernantes democráticos, aparentemente legitimados por el voto mayoritario, actúan como propietarios del Estado de manera no muy diferente de aquellos que han llegado al poder a través de la violencia, la herencia, la tradición o el carisma. Cuanto más usurpan el Estado los partidos políticos y sus líderes, menor es el espacio para el capitalismo libre. En una democracia no es el pueblo quien está en el poder, sino los líderes de los partidos políticos y los representantes de grupos de intereses especiales que dirigen el espectáculo detrás de la cortina.

La historia reciente de Inglaterra –como cuna de la democracia moderna– demuestra cómo el liberalismo clásico ha fracasado. El liberalismo del siglo XIX ha perecido bajo el ataque de la democracia de partidos. Tan pronto como los derechos de voto abarcaron a las personas sin propiedad, los días del orden liberal terminaron. Sin embargo, Inglaterra supo retrasar este proceso de erosión. En el Reino Unido, durante el siglo XIX, el derecho al voto se amplió a los estratos menos ricos de la población. La regla «un hombre, una voz» entró en vigor después de la tercera reforma electoral de 1884, y hasta 1911, la Cámara Alta, como asamblea de los Lores, todavía podía vetar la legislación del Parlamento (Cámara Baja), mientras que el sufragio de las mujeres en el Reino Unido comenzó en 1928. Mientras se mantuvo a raya la extensión de la democracia a las masas, Gran Bretaña floreció. Cuanto más se afianzaba la democracia de masas, más avanzaba el Reino Unido hacia la pendiente resbaladiza del declive económico. Esta caída no fue por culpa de la gente. Cuanto más amplio se volvió el electorado, más prominente se volvió la política partidista, y los políticos profesionales (en su mayoría corruptos) dominaron el juego político.

Los sistemas económicos que prevalecen en el mundo de hoy, incluso cuando se les llama «economía de mercado», están en manos de un Estado monopolista. En el Estado moderno no hay lugar para el capitalismo auténtico ni para una verdadera economía de mercado. Los sistemas económicos de las democracias modernas son el «capitalismo corporativo» o el «capitalismo de Estado» con giros y vueltas plutocráticos y populistas.

Los marxistas llaman al capitalismo actual «tardío» y designan el momento actual como «poscapitalismo» en contraste con el «capitalismo temprano» de los días de la revolución industrial. Sin embargo, es más apropiado hablar del sistema actual como «precapitalismo». Todavía estamos en una etapa previa al alto capitalismo, que está esperando emerger.

EVOLUCIÓN CAPITALISTA

Después del capitalismo temprano del siglo XIX y el capitalismo de Estado del siglo XX, el capitalismo libre está a punto de surgir en el siglo XIX.

ETAPAS HISTÓRICAS DEL CAPITALISMO

Capitalismo temprano (capitalismo de despegue)
*Movilización de los factores de producción capital y trabajo.
*Ahorro e inversión
*Acumulación de capital
*Revolución industrial
*Expansión imperial
*Inglaterra
*Siglo XIX

Capitalismo de Estado
*Organización sistemática de la producción y distribución.
*Disciplina y control
*Fuerte vínculo entre el Estado y la economía.
*Estados Unidos - Alemania - Japón
*Nacionalismo económico
*Siglo XX

Capitalismo pleno
*Innovación empresarial
*Conectividad y espontaneidad
*Incontrolabilidad creativa
*Separación del Estado y la economía.
*Clústeres de producción
*'Ciudades digitales'
*Siglo XXI

* * *

A diferencia del capitalismo de Estado con su estrecha interdependencia entre el Estado y la economía, el capitalismo empresarial es independiente del Estado.

Como resultado, hay una despolitización de la sociedad. En lugar de la nación y el Estado, los centros de producción locales –en gran medida autónomos– son las piezas centrales de la economía.

Si bien el capitalismo del siglo XIX tenía como objetivo movilizar los factores de producción y el capitalismo nacional, la esperanza para el nuevo milenio es que el capitalismo empresarial caracterizará la nueva época.

La incontrolabilidad creativa del anarcocapitalismo socavará el poder del Estado de forma natural.

El capitalismo del siglo XIX se volvió global como imperialismo y se convirtió en nacionalismo económico en la primera parte del siglo XX para transformarse en el globalismo de los Estadosnación en la segunda parte del siglo XX. Ahora, el '*glocalismo*' (que combina lo local y lo global) está surgiendo en forma de unidades locales autónomas que están conectadas a nivel mundial. El papel del Estado-nación da paso a la *glocalización* y al anarcocapitalismo. Como en el pasado, estos grandes cambios no ocurren sin conflictos y reveses.

El «anarcocapitalismo glocalizado» es el sistema socioeconómico y político del futuro en contraste con el «capitalismo de Estado» del pasado.

EVOLUCIÓN DEL CAPITALISMO

Capitalismo de despegue	Capitalismo de estado corporativo	Anarco-capitalismo
Movilización de los factores de producción	Eficiencia de la organización de la producción y la distribución	Innovación y emprendimiento
Incentivos a la acumulación de . .	Implementación de disciplina y control	Laissez-faire del orden espontáneo

El principio anarcocapitalista afirma que las actividades del Estado son superfluas y nocivas. Es cierto que el sector privado no puede producir mejores resultados en todas partes y en todo momento. Sin embargo, las deficiencias de la economía privada no desaparecerán con la intervención estatal. Al contrario. La creencia de que el Estado podría hacerlo mejor que el mercado es la gran ilusión de nuestro tiempo. La intervención estatal exacerba los problemas en lugar de resolverlos.

Hay áreas de producción que sufren de ineficiencias económicas debido a sus especiales características de oferta y demanda. Sin embargo, la intervención estatal no hace que el suministro sea más eficiente ni resuelve los conflictos éticos.

La gran ilusión de que el Estado podría acabar con los problemas sociales se basa en una idea errónea de la naturaleza de los problemas humanos. La mayoría de los problemas económicos y sociales no tienen soluciones, sino sólo compensaciones. Hacer frente a estos problemas requiere valoración y juicio individuales. La intervención estatal no resuelve estos problemas sino que los empeora. Un colectivo no puede evaluar las compensaciones. Sólo los individuos pueden evaluar.

Que el Estado todavía goce de legitimidad tiene tres fuentes:

En primer lugar, todos los sistemas no libertarios llegaron al poder por la fuerza. El Estado como aparato represivo parece natural para la mayoría de la gente. El uso descoordinado y caótico de la violencia, típico de la conquista del poder estatal, da paso al sistema organizado de fuerza bajo el Estado. Este monopolio de la violencia del Estado debería proteger contra los criminales dentro de la sociedad, pero en realidad sirve para controlar el comportamiento de todos sus propios ciudadanos. El Estado no se limita a los impuestos, sino que interfiere en el ámbito privado de muchas formas. La mayoría de la gente acepta la autoridad y la sigue ciegamente. Sólo pequeños grupos se liberan de la ideología estatal. La propaganda constante sobre lo necesario e importante que es el Estado mantiene cautivos en esclavitud los pensamientos y acciones de la mayoría de las personas.

En segundo lugar, el autoritarismo y la dictadura son tan antiguos como el Estado. Las tradiciones siguen existiendo porque no se nos ocurre ninguna alternativa por ser «impensable». Aunque muchas personas reconocen lo absurdo del gobierno del Estado y la locura política que lo rodea, perciben esta locura como normal, porque la consideran inevitable.

En tercer lugar, los intereses especiales marcan la política cotidiana y el proceso electoral. Muchos votantes son víctimas de la propaganda política y confunden sus propios intereses con los privilegios de otros grupos.

Pocas personas reconocen que existe una alternativa al capitalismo de Estado, la democracia, el comunismo, el socialismo, el fascismo y el moderno Estado de bienestar y guerra. El libertarismo como nueva ilustración cambia la opinión pública de modo que termine la actitud infantil de recurrir al Estado como solucionador universal de problemas. Deshacerse de la política y del Estado debe repudiar la actitud ingenua, que asume como principio sin más preámbulos, que el Estado puede, debería y debe actuar como solucionador de problemas, cuando en realidad la política y el Estado son las principales fuentes de nuestros problemas.

ANTECEDENTES:
LOS ORÍGENES DEL MODERNO CAPITALISMO DE ESTADO

El capitalismo de Estado es un régimen en el que el Estado ejerce control directo sobre gran parte de la economía. Es el sistema preferido de los regímenes autoritarios y dictatoriales porque facilita mantener al gobernante en el poder. Sin embargo, el capitalismo de Estado también es compatible con el sistema político oligárquico de democracia de partidos.

Lo que quedaba del capitalismo liberal desapareció entre las cenizas de la Primera Guerra Mundial a partir de 1914. La economía de guerra se convirtió en la gran inspiración para la planificación central y el control gubernamental de la economía. Así como la Primera Guerra Mundial fue el útero que dio origen al comunismo soviético y al nazismo, también es la cuna del intervencionista Estado de bienestar y guerra. En el siglo XX, el capitalismo de Estado con su multitud de variantes se ha convertido en el sistema socioeconómico y político dominante. Este sistema está ahora en crisis.

El principio del capitalismo de Estado es el soborno; es un sistema que se soborna para llegar al poder y se mantiene en el poder mediante la corrupción. Los beneficiarios de la corrupción van desde corporaciones hasta sindicatos y la burocracia general y sectores estatales específicos como el ejército o el sistema educativo. El capitalismo de Estado se expande como Estado de bienestar y guerra, en el que una u otra tendencia puede preponderar. Entre las variedades de capitalismo de Estado, se encuentran la variante autoritaria y populista, el tipo de bienestar y el tipo de guerra, las variantes plutocrática, corporativista y cleptocrática y el número respectivo de combinaciones.

El capitalismo de Estado estadounidense se concentra en la guerra, el bienestar y el corporativismo, por ejemplo, mientras que Suiza es plutocrática pero no está sesgada hacia la guerra. El capitalismo de Estado está organizado en «complejos», como el «complejo industrial-militar», el «complejo farmacéutico-sanitario» y el «complejo de investigación y educación superior», entre otros como, por ejemplo, en el caso de Alemania, el «complejo de la industria del automóvil».

Lo que diferencia a los países en su desempeño económico es el grado en que son competitivos o proteccionistas. Países como Dinamarca y Suiza comparten con Estados Unidos un sistema económico competitivo y abierto diferente al de Brasil, por ejemplo. Brasil tiene un capitalismo de Estado cleptocrático que carece de un sistema económico competitivo y favorece el proteccionismo, lo que lo acerca a Rusia o Nigeria en términos de desempeño económico.

Debido a que se basa en el soborno, el sistema del capitalismo de Estado tiene una necesidad financiera permanente. Las autoridades estatales están desesperadas por promover el crecimiento económico y el empleo como fuentes de poder estatal. Los ingresos fiscales nunca son lo suficientemente grandes como para financiar todo el gasto público deseado. El capitalismo de Estado moderno debe recurrir a la financiación mediante deuda, lo que, a su vez, hace que este sistema esté sesgado hacia la inflación. El capitalismo de Estado no puede sobrevivir. El gran tema del siglo XIX será qué sistema socioeconómico y político debería reemplazar al capitalismo de Estado. No es el capitalismo el que está en crisis, sino el capitalismo de Estado el que está moribundo. En la medida en que el capitalismo de Estado se ha convertido en el sistema de gobierno dominante durante los últimos cien años, la lucha a muerte del capitalismo de Estado marca la gran batalla de la transición hacia el nuevo sistema libertario del capitalismo libre.

El acontecimiento fundamental para lanzar el capitalismo de Estado moderno fue la Primera Guerra Mundial. Este conflicto experimentó un reclutamiento masivo y un estallido de fanatismo nacional. Creó el síndrome de «la guerra es la salud del Estado». La Primera Guerra Mundial fue la plataforma de lanzamiento del fascismo, el comunismo, el nacionalsocialismo, el intervencionismo estatal y todos los demás tipos de totalitarismo ideológico. La Primera y Segunda Guerra Mundial eliminaron la diferencia entre los militares y la población civil cuando los gobiernos promovieron la guerra total con el Estado como organizador del genocidio y el democidio.

La raíz organizativa del capitalismo de Estado es el fascismo. El «Manifiesto Fascista» proclamado en 1919 por Alceste De Ambris y Filippo Tommaso Marinetti exigía el sufragio universal y la representación regional proporcional del electorado. Los autores pidieron el establecimiento de un sistema corporativista de «Consejos Nacionales» formados por expertos que serían elegidos por sus organizaciones profesionales y que deberían ostentar el poder legislativo en sus respectivas áreas. El Manifiesto pedía una jornada laboral de ocho horas y un salario mínimo; exigía representación de los trabajadores en la gestión industrial e igualdad de posición para los sindicatos, los ejecutivos industriales y los servidores públicos. Los autores del Manifiesto Fascista pidieron impuestos progresivos, seguros de invalidez y otros tipos de seguro social, además de reducir la edad de jubilación, la confiscación de la propiedad de todas las instituciones religiosas y la nacionalización de la industria armamentista.

EL PROGRAMA FASCISTA
SEGÚN EL MANIFIESTO FASCISTA DE 1919
(«Il manifesto dei fasci di combattimento»)

Nosotros demandamos:

a) Sufragio universal electoral a nivel regional, con representación proporcional y elegibilidad para el voto y cargos electorales de las mujeres.

b) Una edad mínima para el electorado de 18 años; el de los titulares de cargos a los 25 años.

c) La supresión del Senado.

d) La convocatoria de una Asamblea Nacional por un período de tres años, cuya responsabilidad principal será formular una constitución del Estado.

e) La formación de un Consejo Nacional de expertos para el trabajo, para la industria, para el transporte, para la salud pública, para las comunicaciones, etc. Las selecciones se harán entre el colectivo de profesionales o de comerciantes con facultades legislativas, y elegido directamente para una Comisión General con poderes ministeriales.

Para los problemas sociales: Exigimos:

a) La pronta promulgación de una ley del Estado que sancione la jornada laboral de ocho horas para todos los trabajadores.

b) Un salario mínimo.

c) La participación de los representantes de los trabajadores en las funciones de las comisiones de industria.

d) Mostrar en los sindicatos (que demuestren ser técnica y moralmente dignos) la misma confianza que se otorga a los directivos del sector o a los servidores públicos.

e) La rápida y completa sistematización de los ferrocarriles y de todas las industrias del transporte.

f) Una modificación necesaria de las leyes de seguros para invalidar la edad mínima de jubilación; proponemos bajarlo de 65 a 55 años.

Para el problema militar: Exigimos:

a) La institución de una milicia nacional con un breve período de servicio para entrenamiento y responsabilidades exclusivamente defensivas.

b) La nacionalización de todas las fábricas de armas y explosivos.

c) Una política nacional destinada a promover pacíficamente la cultura nacional italiana en el mundo.

Para el problema financiero: Exigimos:

a) Un fuerte impuesto progresivo al capital que realmente expropie una parte de toda la riqueza.

b) La confiscación de todos los bienes de las congregaciones religiosas y la abolición de todos los obispados, que constituyen un enorme pasivo para la Nación y sobre los privilegios de los pobres.

c) La revisión de todos los contratos militares y el embargo del 85 por ciento de los beneficios de los mismos.

Desde sus inicios, el fascismo fue el principal rival del comunismo, quedando abierta la cuestión de qué credo ofrecía el mejor o más bien el peor tipo de socialismo.

En 1922, Benito Mussolini llegó al poder en Italia y puso en práctica la mayor parte del programa fascista que proclamó. Adolf Hitler llegó al gobierno de Alemania en 1933 e instaló una versión más radical del programa fascista que incluía también una agenda genocida. En el mundo en desarrollo, el presidente brasileño Getúlio Vargas (presidente de 1930 a 1945 y de 1951 a 1954) se inspiró tanto en Mussolini como en Hitler e introdujo un amplio acuerdo de leyes laborales protectoras que le valieron el apoyo de los sindicatos y la clase trabajadora. Vargas estableció la versión brasileña del fascismo. Argentina adoptó una especie de fascismo personalizado en la forma del peronismo después de la Segunda Guerra Mundial. Juan Domingo Perón llegó a la presidencia en 1946 y puso a Argentina en el camino de lo que se puede llamar «fascismo populista». El general Francisco Franco estableció un estado fascista en España en 1939 después de ganar la guerra civil (1936-1939), y Antônio de Oliveira Salazar estableció un régimen autoritario con fuertes tendencias fascistas en 1933. Japón estableció un régimen fascista en 1931, y China bajo Chiang Kai-Shek en 1932.

A principios de la década de 1930, el fascismo se había convertido en un movimiento global. Hitler logró con su programa económico acabar con el desempleo masivo. Mientras la depresión hacía estragos en Estados Unidos, el desempleo se redujo a la mitad en 1935 en Alemania y el país se acercó al pleno empleo en 1936, año en que John Maynard Keynes publicó su teoría sobre cómo superar las depresiones. Los programas gubernamentales para estimular la economía fueron la marca registrada del régimen de Hitler. Todo lo que tuvo que hacer para ese propósito fue implementar los planes de las oficinas de la burocracia estatal de los gobiernos anteriores a él. Estos planes no se pusieron en práctica debido a la depresión. La estratagema de Hitler fue lanzar programas gubernamentales combinados con controles de precios y salarios. De esta manera quedaron ocultas las consecuencias inflacionarias de la política económica de Hitler. En

Estados Unidos, el capitalismo de Estado experimentó un apogeo cuando el presidente Richard Nixon implementó controles de precios y salarios en 1971. Esta vez, el nombre de la política fue «política de ingresos» y recibió su bendición de la teoría económica keynesiana.

En comparación con los tiempos de relativo laissez-faire durante el siglo XIX, el siglo XX hasta el presente ha sido la era del nacionalsocialismo y del socialismo internacional y sus múltiples variaciones.

El capitalismo de Estado moderno recibió su forma y contenido característicos en su período fascista. Incluso se podría decir que el fascismo nunca terminó, sino que se transformó en sus formas sutiles actuales. Sin embargo, en términos de su carácter intervencionista y antiliberal, el capitalismo de Estado moderno no es muy diferente de su predecesor. En el capitalismo de Estado moderno, las reivindicaciones sociales del fascismo son obvias, aunque sus tendencias nacionalistas y xenófobas fueron domesticadas y recanalizadas hacia iniciativas menos mortíferas, como los eventos deportivos internacionales.

Después de la Segunda Guerra Mundial, un capitalismo de Estado en expansión ha ido de la mano con la expansión de la socialdemocracia, que se ha convertido en la ideología política dominante del Estado moderno. La socialdemocracia o lo que en Estados Unidos se llama «liberalismo» es una suave mezcla de comunismo y fascismo. Casi todos los partidos políticos importantes, incluso si no dicen «social» o «democrático» en su nombre, profesan los valores de la socialdemocracia. La socialdemocracia (o «liberalismo» como en Estados Unidos) es la banda unificadora de los principales partidos políticos. A menudo sólo hay una pequeña diferencia entre si el partido más «derecha» o más «izquierdista» forma el gobierno.

En retrospectiva, el fascismo y el comunismo aparecen como las variantes radicales de la corriente socialdemócrata dominante. Por lo tanto, no sorprende que ambos extremos aún acechen detrás del velo de un liberalismo social domesticado, siempre listos para cobrar protagonismo.

Una vez que se aceptó que la razón de ser del «Estado» sería proporcionar «justicia social» y «seguridad social», la noción liberal clásica de que la actividad gubernamental tiene límites tuvo que dejar espacio para una actividad estatal ilimitada porque, a diferencia del hambre, y vivienda, por ejemplo, la «justicia social» no tiene un punto de saturación natural. Mientras que en el siglo XIX era la defensa de la libertad la que servía de norma para limitar la actividad estatal, este criterio ha desaparecido en favor de los «derechos» integrales.

El siglo XX experimentó el surgimiento de la socialdemocracia como ese movimiento político cuyo principal puntal es la reivindicación de derechos distributivos, como el derecho al trabajo, el derecho a vacaciones, el derecho a la seguridad social, el derecho a la educación gratuita, y así sucesivamente con la creciente agenda de derechos sociales para las llamadas minorías. La igualdad es el grito de batalla de este movimiento.

Los pasos más importantes en el proyecto para establecer el Estado de bienestar intervencionista y el capitalismo de Estado se produjeron con el surgimiento de organizaciones internacionales después de la Segunda Guerra Mundial, como las Naciones Unidas, el Fondo Monetario Internacional y el Banco Mundial. Se lograron avances regionales con la creación de la Comunidad Económica Europea en 1957 y el lanzamiento de una moneda europea común en 1999. El aspecto bélico del capitalismo de Estado de posguerra experimentó un avance importante con la OTAN y el Pacto de Varsovia durante la Guerra Fría. Con estas medidas, el capitalismo de Estado se ha vuelto internacional y más eficiente, tanto en su prosperidad militar como económica. En la medida en que el capitalismo se ha vuelto más productivo después del final de la Segunda Guerra Mundial, las instituciones nacionales y globales han crecido para controlarlo y darle forma de manera que optimice su capacidad de servir como anfitrión de la actividad estatal parasitaria.

Sin embargo, no se pueden ignorar las señales de que la era socialdemócrata, incluidas sus dos manifestaciones radicales del fascismo y el comunismo, está llegando a su fin. El capitalismo libre y un orden político libertario es ahora el camino natural a seguir. Sólo la tradición y la falta de imaginación frenan a la gente. En lugar de avanzar hacia el nuevo sistema, algunos grupos incluso favorecen una u otra de las variantes radicales de la socialdemocracia, aunque nadie en su sano juicio podría estar a favor del fascismo o del comunismo.

CAMBIO INSTITUCIONAL

El curso de la historia no sigue un camino predeterminado sino que depende de las decisiones que tomamos. Sin embargo, el presente está conectado con el pasado porque las circunstancias actuales son el resultado de decisiones y acontecimientos pasados. El pasado ya no existe, pero es relevante en la medida en que ha determinado nuestra situación presente. Más allá de eso, debemos tomar nuevas decisiones en cada momento. Mientras que el presente resulta del pasado, el futuro es el efecto de nuestras decisiones presentes. Que el presente se derive del pasado no significa que el pasado determine las decisiones que tomaremos hoy. Esto también se aplica a las instituciones políticas.

Es cierto que la situación actual es el resultado de lo que se decidió antes en las circunstancias que prevalecían entonces. Si bien, por supuesto, no se puede cambiar el pasado, no es posible que el pasado determine el futuro. Aunque somos libres de elegir instituciones, no estamos libres de las consecuencias que se derivan de nuestras decisiones. Debido a que la historia podría haber sido diferente tal como fue, nuestra situación presente y nuestro futuro también pueden ser diferentes.

En la política y la sociedad hay libertad para elegir instituciones específicas, pero cada decisión tiene sus propias consecuencias. Cada institución desarrolla su propia dinámica. Una sociedad puede ser libre de elegir la institución que elija, pero una vez que una institución está establecida, se convierte en «un hecho» en la vida social. Las instituciones difieren de la «cultura». Lo que distingue a Corea del Norte de Corea del Sur no es su cultura sino las instituciones de Corea del Norte y del Sur.

Ningún individuo ni ninguna sociedad están limitados por la «cultura» o la «tradición», sino sólo por la creencia en la cultura o la tradición.

Cada estado se constituye en una empresa monopolista para aplicar la fuerza. El Estado como tal, tal como lo conocemos, sufre los males que conlleva un solo proveedor. Un monopolio, ya sea una empresa privada o el Estado, es ineficiente, resistente a la innovación y está libre de limitaciones para atender a sus clientes. Con el Estado es peor porque el Estado tiene el monopolio de la violencia. El Estado, como poseedor de la fuerza física «legítima», es una atracción para los psicópatas de todo tipo y para todos aquellos que buscan poder para satisfacer su ansia de dominio sobre las vidas de otras personas. ¿Qué es la historia política sino la historia de cómo hombres y mujeres extraños han conquistado y abusado de sus poderes?

La supremacía estatal, que existe como un monopolio en la política interna, también impulsa a sus poseedores a extender su esfera de dominio a otros países. A lo largo de la historia, los tiempos de paz y los buenos gobernantes han sido sólo breves descansos en una tragedia en curso, en la que una desdichada criatura tras otra, al principio intenta dictar sobre sus compatriotas y luego se esfuerza por gobernar el mundo. El «control del poder mundial» llega a todos los líderes políticos. Sólo la resistencia de otros grupos puede mantener a raya a los locos ávidos de poder. Si esta resistencia fracasa, el Estado monopolista se vuelve loco. Con el aparato estatal en sus manos, el líder recibe el arsenal de herramientas de propaganda pública. El gobernante de un país puede manipular la opinión popular e incitar a una nación a ir a la guerra contra otra sin una causa racional. La política internacional supera la locura de la política interna.

Los teóricos que estudian la democracia parlamentaria dicen que la competencia entre los partidos políticos y la división de poderes podrían mantener bajo control la violencia estatal y sus abusos. Sin embargo, hay abundante evidencia de que la democracia moderna no ofrece ninguna solución al enigma del monopolio del poder del Estado.

Uno puede imaginarse cómo funcionará un orden social libre. Con todos los demás sistemas de gobernanza, ocurre lo contrario. Estos ideólogos no saben cómo funcionarán sus planes en la realidad, pero están deseosos de implementarlos de todos modos. Los comunistas, por ejemplo, no sabían cómo podría funcionar alguna vez el socialismo, pero estaban decididos en su deseo de llegar allí, y aunque fuera por la fuerza brutal. La difícil tarea para los libertarios es descubrir cómo establecer un orden de no agresión cuando la fuerza está fuera de discusión. La cosmovisión anarcocapitalista se diferencia de otras ideologías políticas en que los libertarios siguen el principio de no agresión.

A diferencia del libertarismo, los partidos radicales de derecha o de izquierda e incluso los de centro, siempre pueden optar por la violencia para establecer y preservar su orden favorito. Mientras los movimientos políticos no libertarios quieren tomar el poder para ejercerlo, el anarcocapitalismo quiere minimizar el papel de la fuerza y la supremacía en la sociedad.

DEMOCRACIA Y CAPITALISMO

Las campañas electorales políticas en las democracias populares consisten en una competencia entre partidos políticos sobre cuál de ellos prometerá lo mejor a grupos específicos. Una elección en una democracia se trata de consignas y verdades a medias. Hay competencia entre partidos, pero las personas que representan a estos partidos forman una especie de banda propia. Los políticos modernos están separados del pueblo, no muy diferentes de lo que alguna vez fue el caso de la aristocracia. Esta separación se produce con el uso de la fuerza. La autoridad sobre la violencia distingue a los gobernantes de la gente común y corriente.

La democracia moderna adolece de la contradicción de que, mientras la mayoría de los ciudadanos desconfían de los políticos y del Estado, y quieren menos impuestos y menos control estatal, cada votante está ansioso por utilizar su voto de tal manera que se lleve la mayor parte del pastel. Un sistema así no es ni democrático ni capitalista; es corrupto porque produce un juego político en el que cada votante intenta engañar a todos los demás votantes. El principio de la democracia moderna es que mientras los votantes intentan engañarse unos a otros para obtener un almuerzo gratis, el *establishment* político engaña a todos los votantes.

El sistema dominante en los países industrializados de hoy no es capitalista ni democrático, pero la regla es el «capitalismo de Estado». Surgió a principios del siglo XX y a lo largo del siglo se ha transformado de un fascismo autoritario a un fascismo democrático. Ya no prevalece un sistema autoritario de partido único, sino que en la democracia moderna están en el poder personas que forman una red que, aunque participan en un juego competitivo entre sí, lo hacen juntas como grupo. Esta democracia funciona como un sistema de partido único con varias facciones.

Los resultados de una elección sobre quién forma el gobierno se deciden en el margen, lo que significa que la gran mayoría de los miembros dirigentes del partido que perdió una elección no abandonarán la política, sino que permanecerán como oposición y continuarán en el juego de poder. A diferencia de una empresa en quiebra que desaparece del mercado, en la política los perdedores de unas elecciones permanecen en el juego y continúan su actividad, ya sea como miembros de la oposición o como socios de coalición del partido que ha «ganado» las elecciones. Aparte de su papel en el juego, nada ha cambiado.

Bajo las condiciones del sistema monetario fiduciario vigente y el derecho de voto mayoritario existente, el sistema actual no avanza hacia una economía de libre mercado, incluso si la mayoría de la gente así lo quisiera. En lugar de un orden anarcocapitalista, hay una tendencia a una interacción entre el populismo de izquierda y de derecha, entre breves pausas de paz y el regreso del terror y la violencia. En este sentido, todos los partidos modernos en una democracia son partidos social fascistas y el Estado moderno es un Estado social fascista democrático.

LIBERTARIANISMO EN EL ESPECTRO POLÍTICO

La izquierda política, así como la derecha política, reconocen el poder estatal autoritario. A diferencia del libertarismo, la libertad personal del individuo no es su enfoque en la escala de valores políticos, sino el Estado.

Mientras que «la izquierda» se refiere a la «sociedad» para su legitimidad, «la derecha» reclama como base de legitimación «la nación».

LA POSICIÓN DEL LIBERTARIANISMO EN EL ESPECTRO POLÍTICO

"La izquierda"	Libertarianismo	"La derecha"
*Poder estatal autoritario *Sociedad *Estado de bienestar universal *Socialismo internacional	* Libertad personal * Individuo * Libertad económica * Descentralización	*Poder estatal autoritario * Nación * Estado de bienestar nacional * Nacional socialismo

En contraste con estas dos posiciones, el individuo está en el centro de los valores políticos del liberalismo fundamental.

Los movimientos de izquierda luchan por un Estado de bienestar universal, mientras que los partidos políticos de derecha abogan por un Estado social de carácter nacional.

El libertarismo, por el contrario, se basa en la libertad económica.

El socialismo internacional es el objetivo organizativo último de la izquierda, mientras que la derecha lucha por el nacionalsocialismo.

El ideal organizativo político del libertarismo es la ciudad-estado o la minoría regional, en contraste con la grandeza nacional de la derecha y el internacionalismo de la izquierda.

Para llegar a un gobierno libertario sin violencia, la opinión pública debe cambiar. El libertarismo tiene que ofrecer visiones y modelos para explicar lo que está pasando y puede transformar la opinión pública a favor de un futuro libertario. Para este propósito, los modelos anarquistas radicales son inapropiados. Es necesario convencer al público sobre la viabilidad práctica del libertarismo y mostrar que el anarcocapitalismo no es sólo una teoría, sino práctico y justo. Más allá de eso, no se puede ni se debe planificar la transición al libertarismo. Sus instituciones deben surgir como una explicación de cómo funciona, pero el camino hacia su realización debe ser evolutivo y espontáneo. A diferencia de otros conceptos políticos, la opinión pública no debe seguir el ejemplo, pero para el libertarismo, la opinión pública misma debe ser el liderazgo. No la violencia y los grandes planes proporcionan el camino hacia un orden libertario, sino una serie de pasos prácticos que sientan las bases para que se desarrolle una sociedad libre.

PROYECTOS DE TRANSFORMACIÓN

No para su establecimiento, sino para su preservación, el sistema político necesita la aprobación de la opinión pública. El poder nunca existe como una fuerza bruta por sí sola. El poder del Estado domina y cae con su legitimidad, que proviene de la aprobación de la opinión pública. Las grandes dictaduras del siglo XX obtuvieron su posición de poder de la creencia en determinadas ideologías. No fue la violencia brutal la que hizo posible su gobierno, sino el consentimiento de las masas que permitió a los gobiernos utilizar la fuerza brutal. Hoy en día, la creencia en la democracia como gobierno de la mayoría domina la mentalidad de la población y forma la base de la legitimidad de este sistema. Sin embargo, la democracia en la forma de un sistema de votación mayoritario conduce al intervencionismo, y de ahí, el socialismo está a sólo un paso de distancia. La democracia no protege contra la locura o la tiranía.

¿Cómo se puede rediseñar el sistema político hacia una mayor libertad? En el primer paso, hay que privar al sistema existente de democracia «liberal» de su falsa legitimidad y mostrar la alternativa.

Una falsa legitimación se refiere, en primer lugar, al dinero. La costumbre y la falta de conocimiento son las razones por las que para muchas personas no existe otra alternativa al sistema actual, aunque existe mucho malestar con el orden monetario. En la economía moderna, el Estado tiene el monopolio del dinero. Sin embargo, no hay una respuesta racional a por qué es así.

Junto con el banco central nacional, el Estado tiene un órgano de mando central sobre el sistema financiero. Este sistema monetario se basa en el centralismo y el monopolismo. La banca central se opone al capitalismo libre.

Los miembros del banco central se encuentran entre los detentadores de poder más importantes. Llegan a estas posiciones por caminos intrincados y opacos. Al igual que el Tribunal Constitucional, los miembros del Banco Central son designados. De la misma manera, así como los jueces supremos actúan como dueños de la Constitución al pretender protegerla, los miembros del banco central son los dueños del sistema monetario y afirman preservar el valor del dinero. No diferente de los 'protectores de la Constitución' como dueños de la transformación constitucional, los banqueros centrales –proclamados 'guardianes de nuestra moneda'– son los principales culpables de los estragos monetarios y las crisis financieras que han afligido al capitalismo. En cuestiones monetarias, los banqueros centrales gobiernan la economía como un comité central soviético. Sigue oculto cómo estos miembros de la élite del poder más elevado llegan a las respectivas posiciones, y lo que hacen es aterrador.

El fracaso de los banqueros centrales no es menos evidente que el problema de los veredictos vergonzosos de los jueces supremos. Los banqueros centrales son responsables de las grandes catástrofes económicas del siglo XX: la hiperinflación de los años veinte en Alemania y la Gran Depresión de los años treinta en Estados Unidos. La estanflación de los años setenta es producto de la mala gestión de los bancos centrales, así como de la crisis financiera de 2008. Durante los diez años siguientes, los esfuerzos combinados de los bancos centrales de Estados Unidos, Japón y Europa han instigado la mayor burbuja especulativa que el mundo ha visto jamás. Al implantar tasas de interés que están por debajo de cualquier nivel razonable, los banqueros centrales han alimentado un frenesí especulativo global de proporciones gigantescas. Sin embargo, los medios culpan al «capitalismo» y elogian a los banqueros centrales y al ministro de Finanzas como los «salvadores» del sistema. El público es engañado por los expertos académicos y los medios de comunicación que elogian a los lobos como guardianes de las ovejas.

La tarea es reformar el sistema monetario y frenar la deuda nacional para llegar a una democracia real. El régimen monetario existente es un instrumento político estatal para el ejercicio del poder, que permite la expansión desenfrenada del Estado de bienestar, la guerra y la acumulación de deuda pública. Un nuevo orden monetario es un paso decisivo hacia el nuevo orden económico. El cambio de sistema puede realizarse en el marco de la base jurídica vigente. Abolir el monopolio estatal del dinero y reconocer el dinero privado como medio de pago es la forma de iniciar la reforma del sistema monetario. La cuestión es devolver a los ciudadanos la libertad de elección monetaria sobre qué moneda utilizar. Los actores económicos deberían tener libertad para decidir qué dinero les gustaría tener para sus transacciones.

Como primer paso, hay que eliminar la posición privilegiada del banco central como organismo de planificación central. Esto se puede hacer imponiendo un límite a la cantidad de dinero del banco central. Si el banco central ya no tiene acceso a manipular la oferta monetaria, ya no podrá manipular la tasa de interés básica. Después de eso, debería ser fácil eliminar gradualmente al banco central como institución pública enviando a sus funcionarios al retiro. Esta medida eliminaría la principal fuente de agitación cíclica. Congelar la cantidad de dinero del banco central pondrá un freno a la acumulación de deuda por parte del gobierno y, por lo tanto, también ayudará a neutralizar el papel del intervencionismo gubernamental como la principal fuente de creación de caos económico, además de la banca central.

* * *

Como segundo paso, entra en juego el plan de reformar el sistema electoral y acabar con la clase política. Poner fin al actual sistema electoral de voto mayoritario a favor de una lotería para seleccionar a los representantes del pueblo eliminaría los partidos políticos y los políticos profesionales. Con los medios de comunicación modernos, es posible seleccionar un cuerpo representativo de la población mediante muestreo aleatorio. Según este modelo de lotería política, los miembros de este grupo formarían la Asamblea Legislativa. Una Asamblea de este tipo sería participativa y representativa. Elegir por sorteo al representante del pueblo también sería más barato que las campañas electorales y permitiría mantener los parlamentos y congresos en su forma actual. Esta Asamblea contrataría entonces empresas privadas de gestión gubernamental para ejercer la función de gobierno bajo la estricta supervisión de la Asamblea.

En Estados Unidos, el Movimiento por la Libertad podría impulsar este modelo electoral en estados individuales y desde allí el movimiento podría extenderse por todo el país hasta que, tras una fase de experimentación, pudiera servir para la elección de los miembros del Congreso. En Europa se podría empezar por los ayuntamientos de las áreas metropolitanas. Como método transitorio, también se podría considerar formar una especie de 'Cámara Alta' o 'Senado' mediante la selección aleatoria de sus miembros. Esta Cámara supervisaría las acciones de los miembros del Congreso y sería el órgano último de aprobación de las leyes. Esta asamblea debería tener pleno poder de veto sobre nuevas leyes. La asamblea estaría compuesta por miembros seleccionados mediante una lotería continua y cada miembro serviría durante dos años, lo que tiene muchas ventajas sobre el sistema actual.

Las empresas privadas de gestión gubernamental surgirían en mercados competitivos y ofrecerían sus servicios primero a nivel municipal y estatal y desde allí constituirían entidades más grandes hasta el nivel de un país o una unión de estados. Las empresas privadas de gestión gubernamental estarían en el negocio para obtener ganancias y como tales deben satisfacer las demandas de su cliente (que es el pueblo representado por la Asamblea) al menor costo.

Un sistema así conduciría a las siguientes consecuencias (para más detalles ver el último capítulo sobre 'anarcocapitalismo'):

En primer lugar, una formulación de políticas seria a favor de lo mejor para la población reemplazaría los actuales juegos políticos que sirven a grupos de intereses especiales.

En segundo lugar, el sistema de selección aleatoria aportaría una amplia gama de conocimientos especializados al sistema político.

En tercer lugar, los miembros de dicha Asamblea no serían psicópatas hambrientos de poder ni arribistas políticos porque, después de su corto período de vida en la política, estas personas regresarían a su vida privada.

Finalmente, tales procedimientos legislativos darían prioridad a recortar el gasto público y a reducir la carga fiscal porque serán los miembros de la Asamblea quienes deberán pagarlos.

Se puede esperar que con la «demarquía» el gasto público caiga, los impuestos sean más bajos y la burocracia sea menor.

El tercer proyecto trata el sistema legal y de seguridad. En la actualidad, el orden judicial es contradictorio ya que el propio poder judicial es parte del sistema político sobre el que decide. Hablar de «independencia» de los tribunales es tan poco realista como afirmar que los bancos centrales son independientes. Los juristas estatales elogian la división del poder, pero su existencia demuestra lo contrario y subraya que la realización del principio es imposible y sólo existe como un mito.

La politización, la desburocratización y la organización privada de la justicia, así como la seguridad interna y externa, son los pilares en el camino hacia el establecimiento de un orden económico y social libertario.

La eliminación del político profesional y de los partidos políticos viene con la reforma electoral que estipula la selección de la asamblea legislativa por el principio del azar.

* * *

PRINCIPALES PASOS HACIA UN ORDEN ANARCOCAPITALISTA

* * *

El órgano legislativo promoverá la desburocratización del Estado. Finalmente, surge la organización privada de la justicia y la seguridad interior y exterior.

En el Estado político moderno, la división de poderes es una falacia, ya que los partidos políticos no sólo están presentes en el cuerpo legislativo sino también en el gobierno y nombran a los jueces, incluidos los miembros del Tribunal Constitucional. Un sistema legal estatal no es independiente ya que existe en estrechos vínculos con la estructura de poder predominante. Todas las aberraciones morales del *Zeitgeist* se cuelan en la jurisprudencia:

54

desde la jurisdicción local hasta los tribunales constitucionales. No ha habido perversidad en esta tierra que no haya sido legal en algún momento y con la que los tribunales no colaboraron.

No sólo Estados Unidos sufre la discrepancia entre el sistema de valores prevaleciente en la corte y el de la población. La pérdida de confianza en la ley se ha vuelto tan grave como la pérdida de confianza en la política.

Un sistema privado de jurisprudencia terminaría con el ejercicio de la autoridad del poder judicial público sobre el pueblo. Un sistema jurídico privado costaría menos, sería más eficaz y más justo. La inteligencia artificial alcanzaría su máximo potencial en un sistema jurídico privado y reduciría los gastos de los servicios jurídicos a una pequeña fracción de lo que cuesta ahora.

EN EL CRUCE DE CAMINOS

El intervencionismo populista es el sistema económico más extendido. Los países se diferencian según sean más o menos activos en el intervencionismo. El dinero está bajo el control del Estado. El Estado interviene en las transacciones económicas a través de los impuestos. Si bien algunos sectores están más bajo control estatal que otros, la consecuencia visible es que aquellos sectores donde persisten las crisis –como la seguridad interna y externa, la atención médica, la provisión de servicios para la vejez, la educación, el dinero y las finanzas– son aquellos que están bajo el control gubernamental más intenso. Un enorme aparato de subsidios sostiene a costos enormes la industria de defensa, el sector del automóvil, las compañías farmacéuticas y gran parte de las instituciones agrícolas y educativas.

* * *

Aunque el gran debate ya no gira en torno a la alternativa entre socialismo y capitalismo, la cuestión central sigue siendo: si la sociedad debería avanzar más hacia la intervención estatal o más hacia una economía de mercado. De esta manera, la tradicional cuestión de socialismo o capitalismo sigue sobre la mesa.

La historia no tiene un camino inevitable de desarrollo, pero existen leyes económicas. La decisión sobre tal o cual versión del sistema económico es libre, pero las consecuencias no son libres de elegir. La libertad se refiere a la elección de instituciones, no a sus consecuencias.

En este sentido, hay poder de las ideas y, al mismo tiempo, hay impotencia de las ideas frente a los hechos. Hay situaciones en las que, como dicen, ya no se pueden cambiar las cosas. Antes de que uno tomara la decisión equivocada, las opciones estaban abiertas tal como estaban sobre la mesa. Una elección diferente podría haber evitado los problemas que han surgido ahora como consecuencia de una decisión equivocada y el curso de la historia habría ido en otra dirección.

Como en los años 1930, las ideas socialistas pueden volver a conquistar Estados Unidos, como lo hicieron en Europa desde principios del siglo XX.

Existe una tendencia a elegir el socialismo sin considerar las consecuencias que traerá esa elección. Las emociones y los prejuicios explican por qué el socialismo sigue siendo atractivo. A pesar de sus evocaciones científicas, el socialismo es un cuento de hadas para adultos. Siguiendo su credo, los socialistas sueñan con una sociedad donde la rectitud y la prosperidad gobiernen junto con la igualdad de todos.

La socialización infantil de la crianza refuerza la disposición biológica al socialismo porque los niños y adolescentes viven bajo los sistemas socialistas de la familia, las escuelas y la universidad hasta que son adultos y a menudo permanecen bajo el hechizo socialista por el resto de sus vidas.

Es a través de los esfuerzos de la razón que se hace posible liberarse de la fe socialista. El primer paso para liberarse del credo socialista es comprender que no es la redistribución la que ayuda a los pobres, sino el crecimiento económico y un capitalismo libre, lo que aumenta la productividad y los ingresos.

Irónicamente, fue el éxito del capitalismo lo que creó la expectativa socialista de un mundo sin escasez. La experiencia capitalista demostró que un mundo próspero ya no era una fantasía utópica.

Los primeros socialistas estaban convencidos de que el socialismo aumentaría la productividad del capitalismo no a pesar de la igualdad de distribución, sino gracias a ella. En el paraíso socialista se podría tener una mayor abundancia material que bajo el capitalismo junto con la erradicación de todo tipo de injusticias y discriminaciones. El socialismo surge del deseo del reino de Cucaña. El motivo impulsor del primer movimiento socialista fue el idealismo. Hoy en día, este sistema utópico promete a los crédulos que el teléfono inteligente será gratuito, junto con un sistema de transporte público gratuito y la compra de una generosa pensión ciudadana, así como, por supuesto, un ingreso mínimo garantizado y educación y atención médica gratuitas para todos. los más altos estándares para todos.

Algunos miembros de los movimientos socialistas encuentran su camino hacia el socialismo por una necesidad personal de justicia social o por motivos religiosos. Entre los ricos y los herederos ricos, hay socialistas debido a una mala conciencia sobre su riqueza. Sin embargo, el sueño de una distribución justa es una gran ilusión.

En primer lugar, la cantidad a distribuir sería menor de lo que muchos socialistas creen. Por ejemplo, si los multimillonarios de la lista Forbes compartieran toda su riqueza con el resto de la población mundial, cada persona en la Tierra no recibiría más que el pago único de una cantidad equivalente al salario mensual moderado de los trabajadores en los países ricos.

En segundo lugar, incluso si los actuales multimillonarios estuvieran de acuerdo con este plan, no podrían hacerlo porque su riqueza no consiste en dinero sino en acciones y otros intereses comerciales y en bienes raíces. Para distribuir el dinero, los propietarios tendrían que vender estos activos. Sin embargo, si venden, ¿quién comprará?

En tercer lugar, si se quisiera aplicar una medida más drástica en nombre de la justicia social y se distribuyera por la fuerza la riqueza del mundo por igual, se necesitaría poco tiempo y pronto volvería a existir una nueva distribución desigual, con la consecuencia adicional de que la pobreza general en el mundo habría aumentado en el proceso.

Si la redistribución en el capitalismo no funciona, así parecen reflexionar algunos, sólo imponer el socialismo pleno resolverá el problema de la «injusticia». Al hacerlo, estos socialistas creen que tienen buen corazón cuando defienden el socialismo, pero no saben que hablan a favor de un régimen inhumano cuyas primeras víctimas con toda probabilidad serían ellos mismos.

La gran batalla ideológica continúa en oleadas, aunque millones de personas fueron víctimas cuando los regímenes terroristas socialistas dominaron los conflictos del siglo XX. La historia ha demostrado que el socialismo en su variante internacional soviética y en su forma nacionalsocialista sólo puede existir como tiranía. Con la decisión por el intervencionismo y el socialismo, el estancamiento económico viene acompañado de esta elección. Por el contrario, con la decisión por una economía de libre mercado, la elección conduce al progreso económico. Las teorías y la historia muestran que el socialismo trae una economía obligatoria y conduce al estancamiento, la represión y la pobreza, mientras que el capitalismo es más productivo cuanto más libre es.

El siglo XXI pertenecerá a aquellas naciones que elijan el camino hacia el capitalismo libre, mientras que aquellos países que opten por el socialismo y el intervencionismo sufrirán estancamiento y decadencia económica.

Las alternativas son claras. Por un lado, el capitalismo libre como orden económico que trae consigo libertad personal y prosperidad general y, por el otro, la economía socialista dirigida, que conduce a la pobreza y el encarcelamiento.

Una mirada a las experiencias con el régimen comunista en Europa del Este y Asia y en otras partes del mundo hace que el diagnóstico sea inequívoco. Sin embargo, instigado por una propaganda insistente, el descontento popular va en contra del orden económico capitalista. Los medios crean la ilusión de que uno podría tener tanto la riqueza del capitalismo como la supuesta igualdad y justicia socialistas.

El socialismo del siglo XX ya no es la ideología dominante de nuestro tiempo, pero el anticapitalismo sigue siendo virulento, y esta ideología está por todos lados en los medios de comunicación, las escuelas y las universidades. El gran error de los socialistas es creer que esa pobreza tiene su origen en el capitalismo y no en el intervencionismo que ellos mismos predican y practican. Debería ser obvio para todos que el socialismo en todas sus variantes no es una solución sino una autopista al infierno. El comunismo ha abdicado, pero ha impregnado un poderoso trasfondo en forma de anticapitalismo venenoso. Los deseos socialistas siguen siendo virulentos. Está latente en muchas cabezas y a menudo es benigna en sus formas actuales, pero el monstruo socialista y la represión comunista pueden resurgir en cualquier momento.

Esta vez, los regímenes del terror tendrían a su disposición un gigantesco arsenal de tecnología moderna. Las futuras dictaduras podrían consolidar su poder en un grado nunca antes visto en el pasado. En este sentido, la opción por el anarcocapitalismo es una elección por la vida antes que la muerte.

PERSPECTIVA

Sería un malentendido caracterizar el orden libertario como «anarquista» en el sentido de caos y desorden. Al contrario. El anarcocapitalismo es lo opuesto a la anarquía, el caos y la anarquía. La anarquía, el caos y el desorden caracterizan el sistema actual. El capitalismo libre lleva consigo el orden social, como un sistema de gobierno libre del Estado. El camino hacia un orden libertario es una revolución que no sea disruptiva. El libertarismo es un sistema evolutivo, no uno que pueda o deba imponerse desde arriba o desde afuera.

La visión y los modelos de un orden anarcocapitalista son claros. Lo que se necesita para que esta transformación tenga éxito es una mayoría para una reforma electoral, que introduciría el principio de selección aleatoria de representantes. Una vez que los logros y beneficios del orden anarcocapitalista se hicieran visibles, el libertarismo se extendería por imitación. Sólo se necesitan unas pocas comunidades para adoptar los principios del anarcocapitalismo y, con el tiempo, el orden libertario encontraría seguidores en otras comunidades y países.

Nos encontramos en una encrucijada. Al igual que en las décadas anteriores y posteriores a 1800, cuando despegó la revolución industrial, aquellas naciones que no reconocieron los signos de la época se quedaron atrás. Los países que retrasaron o perdieron la industrialización han sufrido la pérdida de prosperidad hasta nuestros días. Hoy, el mundo enfrenta un desafío similar. Nuevamente debemos elegir y tomar una decisión. Esta vez se trata de más o menos capitalismo. Menos capitalismo conducirá al socialismo –lo queramos o no– y, por tanto, a la miseria asociada a tal régimen. El camino correcto para el siglo XXI es optar por el capitalismo libre. El futuro pertenece a aquellos países que eligen el capitalismo libre del Estado y de la política como sistema de gobierno.

El triunfo del capitalismo real implica la autoliberación según la cual el individuo se encuentra a sí mismo, se vuelve suyo y se libera de las falsas dependencias y de los deberes engañosos. Un nuevo orden así sólo puede surgir mediante una acción voluntaria de la que deriva su legitimación.

II
ANARCOCAPITALISMO

Señores, llega el momento en que habrá dos grandes clases,
los socialistas y los anarquistas. Los anarquistas quieren que el
gobierno sea nada y los socialistas quieren
que el gobierno lo sea todo.

WILLIAM GRAHAM SUMNER (1911)

El proceso de sustitución de mano de obra a través de máquinas ingresa a sectores que parecían estar exentos de la automatización y la robotización. Las nuevas tecnologías transformarán el derecho, la medicina, la educación, la consultoría, la administración de empresas y el servicio público. La seguridad laboral es cosa del pasado. Las medidas convencionales del Estado de bienestar ya no funcionan. Han surgido dos tipos de respuestas a este desafío: más socialismo o más capitalismo.

Seguir como en el pasado y más socialismo empeoraría las cosas. La respuesta al desafío es abolir la política y el Estado. Seleccionar a los legisladores por sorteo, poner fin al monopolio estatal sobre el dinero y privatizar el sistema de justicia y seguridad son los principales pasos a dar. En la medida en que florezca el capitalismo libre, los costos de vida caerán, los salarios aumentarán, los ingresos aumentarán y las cargas tributarias y burocráticas se desvanecerán. La necesidad de tener un trabajo permanente y un salario estable, que es tan urgente bajo el sistema actual, desaparecería.

Una revolución libertaria y un orden anarcocapitalista han sido posibles porque las nuevas tecnologías, con Internet en el centro, socavan la capacidad del «viejo régimen» para mantener su control sobre la opinión pública. El control mental por parte del Estado moderno enfrenta el obstáculo de que el costo para generar la opinión pública supera su efectividad. Nuevas fuentes alternativas de conocimiento compiten con el privilegio informativo del gobierno. La voz del gobierno se ha convertido en una más entre muchas.

La necesidad de un orden anarcocapitalista no es sólo una cuestión de bienestar material. Si continuamos con el actual sistema de gobierno, el Estado crecerá cada vez más y se volverá más totalitario. En manos de un régimen así, las nuevas tecnologías se convierten en armas mortales contra la libertad individual.

Para preservar y expandir la prosperidad y la libertad, establecer un sistema libertario de gobierno se ha convertido en una cuestión de supervivencia humana.

EL ESTADO Y SUS SECUACES

Generalmente se considera al Estado como una necesidad. Incluso muchos de los que creen que el Estado es un mal, lo consideran un mal necesario. El Estado es indispensable, dicen, sólo los anarquistas pondrían en duda este hecho.

La teoría económica sostiene que el Estado es el proveedor de bienes públicos y sociales. El público cree que el Estado es esa organización mediante la cual nos protegemos de nosotros mismos. Al subsidiar la oferta de ciertos bienes como la educación y la salud, el Estado nos ayuda a consumir más de estos beneficios de lo que consumiríamos individualmente y con algunos bienes nocivos (los 'males'), el Estado nos protege contra el daño que nos infligiríamos sobre nosotros mismos si existiera un fácil acceso a estos productos. Existe un amplio consenso en que el Estado es necesario para proporcionar cosas como carreteras, escuelas, hospitales y velar por nuestra seguridad interior y exterior. Sin embargo, ser gobernado significa más que simplemente obtener el suministro de los llamados «bienes públicos», como señala Pierre-Joseph Proudhon:

> Ser GOBERNADO es ser vigilado, inspeccionado, espiado, dirigido, impulsado por la ley, numerado, regulado, registrado, adoctrinado, predicado, controlado, inspeccionado, estimado, valorado, censurado, mandado, por criaturas que no tienen ni

PRINCIPIOS DEL ANARCOCAPITALISMO Y LA DEMARQUÍA

el derecho ni el control ni la sabiduría ni la virtud para hacerlo. Ser GOBERNADO es ser en cada operación, en cada transacción anotado, registrado, contado, gravado, sellado, medido, numerado, tasado, licenciado, autorizado, amonestado, impedido, prohibido, reformado, corregido, castigado. Con el pretexto de la utilidad pública y en nombre del interés general, se le somete a contribución, se le ejercita, se le esquila, se le explota, se le monopoliza, se le extorsiona, se le exprime, se le estafa, se le roba; luego, a la menor resistencia, la primera palabra de queja, ser reprimido, multado, vilipendiado, acosado, perseguido, abusado, apaleado, desarmado, atado, estrangulado, encarcelado, juzgado, condenado, fusilado, deportado, sacrificado, vendido, traicionado; y para colmo, burlado, ridiculizado, escarnecido, ultrajado, deshonrado. Eso es gobierno; esa es su justicia; esa es su moralidad.

Pierre-Joseph Proudhon: *Idée Générale de la Révolution au XIX e Siècle* (1851) – Idea general de la revolución en el siglo XIX

Con más de 150 años de retraso, las cosas no han cambiado mucho. En una democracia, el Estado no ha disminuido su papel, sino que ha adquirido dimensiones horribles, como describe Hans-Hermann Hoppe en su «Breve historia de la humanidad»:

Cada detalle de la vida privada, la propiedad, el comercio y los contratos está regulado... En nombre de la seguridad social, pública o nacional, los cuidadores democráticos nos «protegen» del calentamiento y enfriamiento global, la extinción de animales y plantas y el agotamiento de los recursos naturales, de maridos y mujeres, padres y empleadores, pobreza, enfermedades, desastres, ignorancia, prejuicios, racismo, sexismo, homofobia y otros innumerables «enemigos» y «peligros» públicos. Sin embargo, la única tarea que se suponía que el gobierno debía asumir (proteger nuestras vidas y propiedades) no la realiza. Por el contrario, cuanto más han aumentado los gastos estatales en seguridad social, pública y nacional, más se han erosionado los derechos de propiedad privada, más se ha expropiado, confiscado, destruido y depreciado la propiedad, y más se ha privado a la gente del fundamento mismo de toda protección: de la independencia personal, la fortaleza económica y la riqueza privada. Cuantas más leyes en papel se han producido, más inseguridad jurídica y riesgo moral se han creado, y la anarquía ha desplazado a la ley y el orden. Y mientras nos hemos vuelto cada vez más dependientes, indefensos, empobrecidos, amenazados e inseguros, la élite gobernante de políticos y plutócratas se ha vuelto cada vez más rica, más corrupta, peligrosamente armada y arrogante.

En una democracia, «nosotros» ahora somos el Estado mismo. El Estado ya no está separado de la sociedad, de la familia y de la comunidad local, sino que está en nosotros, el pueblo. «Somos el Estado», exclama la multitud, enardecida por el aliento de la propia banda de animadores del Estado. En democracia el Estado no sólo es necesario, somos nosotros, nuestra propia identidad.

Sin embargo, un análisis más profundo revela que la mayoría de estas afirmaciones populares son falsas. El Estado no es sagrado. El Estado como pueblo es una ficción.

Junto con Franz Oppenheimer en «El Estado» (1908), Murray Rothbard en «La Anatomía del Estado» (publicado originalmente en «El igualitarismo como revuelta contra la naturaleza y otros ensayos» 1974) han desmentido por completo las justificaciones comunes del Estado.

Como señala Rothbard en su ensayo, la identificación del pueblo con el Estado conduce a graves errores. Tomar el Estado como pueblo proporciona la base para afirmar que si «el gobierno ha incurrido en una enorme deuda pública que debe pagarse gravando a un grupo en beneficio de otro, esta realidad de la carga se oscurece al decir 'nos lo debemos a nosotros mismos', si el gobierno recluta a un hombre, o lo mete en la cárcel por su opinión disidente, 'se lo está haciendo a sí mismo' y, por lo tanto, no ha ocurrido nada malo».

Además, en una democracia, el Estado no somos «nosotros», el gobierno no somos «nosotros». En una democracia, «el gobierno no 'representa' al pueblo en ningún sentido exacto».

¿Qué es entonces el Estado?, pregunta Rothbard, si el Estado no es una familia o un órgano del que todos somos parte, y su respuesta es que «el Estado es esa organización de la sociedad que intenta mantener un monopolio del uso de la fuerza y la violencia en un área territorial determinada; en particular, es la única organización en una sociedad que obtiene sus ingresos no mediante la contribución voluntaria o el pago de servicios y mediante la venta pacífica y voluntaria de estos bienes y servicios a otros, sino que el Estado obtiene sus ingresos mediante el uso de la coacción, es decir, mediante el uso y la amenaza de la cárcel y de la bayoneta».

Siguiendo los pasos de Joseph Schumpeter (*Capitalismo, socialismo y democracia*, 1942) Rothbard amplía la definición de Estado de Max Weber como la «<u>comunidad</u> humana que (con éxito) reclama el monopolio del uso <u>legítimo</u> de la fuerza física dentro de un territorio determinado». (en «*Politik als Beruf*» 1918) por el hecho de que el Estado vive de un ingreso que se produce en la esfera privada para fines privados y debe ser arrebatado por la fuerza política.

El hombre nace en este mundo desnudo, indefenso y con total dependencia de cuidado. Se necesitan años para que un ser humano desarrolle el razonamiento y adquiera las habilidades para la producción. La asociación social es una necesidad en la vida temprana y un requisito cuando se crece porque la cooperación social dentro de la red de la división del trabajo mejora la productividad individual. El intercambio de bienes es natural al hombre. Cuando las personas intercambian bienes, intercambian propiedades. Por lo tanto, los derechos de propiedad y el libre mercado de intercambio forman una parte vital de la naturaleza humana.

Como explica Franz Oppenheimer en *'Der Staat'* (1908), sólo hay dos formas de acumulación de riqueza: a través de medios económicos o por medios políticos. Los medios políticos están en manos del Estado. El Estado es el instrumento para saquear la riqueza del sector privado. El instrumento político para adquirir riqueza se opone a la vía económica. Mientras que el método económico es natural y beneficioso para todos, el método político es antinatural y perjudicial para la prosperidad general. Gracias al Estado unos pocos viven a costa de todos. La base de los medios políticos no es un intercambio voluntario sino la coerción. El Estado no surge mediante un contrato social sino mediante la conquista y la sumisión.

El Estado comienza con la conquista y ha pasado por una serie de etapas hasta nuestros días. Mientras Oppenheimer relata la historia humana, la tribu conquistadora somete a la tribu conquistada para saquearla. Sin embargo, en lugar de una completa explotación y eliminación, los conquistadores optan por un acuerdo pacífico con los conquistados. Los conquistadores se unen a los conquistados bajo el paraguas de un Estado común como nación.

De la sociedad sin Estado de cazadores y recolectores, nómadas y guerreros, el Estado surge con la conquista y la aniquilación. Con el tiempo, los conquistadores aprenden a explotar a los conquistados y a utilizar la esclavitud y otras formas de servidumbre en lugar de la aniquilación. En lugar de conseguir la miel como un oso, el Estado actúa como un apicultor. De ahí surge la unión territorial de conquistadores y conquistados cuando la clase dominante actúa principalmente como supervisores judiciales y árbitros de los conquistados y finalmente se fusiona con el pueblo como Estado nación. Esta etapa prepara el camino para la sociedad sin Estado del futuro, predice Oppenheimer.

Etapas del desarrollo histórico del Estado
(basado en El Estado de Franz Oppenheimer)

SOCIEDAD PREHISTÓRICA SIN ESTADO	
SOCIEDAD SIN ESTADO I	Cazados y recolectores
SOCIEDAD SIN ESTADO II	Pastores y Vikingos
SOCIEDAD SIN ESTADO III	Nómadas y guerreros
ESTADO	
FASE I	Conquista y aniquilación de los conquistados
FASE II	Conquista y sumisión de los conquistados
FASE III	Capitalización y extracción de tributo
FASE IV	Unión territorial
FASE V	Gobierno por arbitraje y cortes
FASE VI	Construcción de nación
SOCIEDAD POST-HISTORICA SIN ESTADO	
SOCIEDAD AUTOGOBERNADA	Sociedad de derecho privado
CIUDADANÍA DE HOMBRES LIBRES	Desaparición del Estado
ANARCOCAPITALISMO	Sociedad de intercambio voluntario

El desarrollo económico trae consigo que los medios políticos deben retroceder frente a los medios económicos. Oppenheimer reconoce que en la historia política de la humanidad ha habido un ascenso constante del método económico a costa del esquema político. En un escrito de principios del siglo XX, Oppenheimer predice que los miles de años de dominio estatal están llegando a su fin: «El 'Estado' del futuro será una 'sociedad' guiada por el autogobierno», declara.

Entonces, ¿por qué el Estado como institución opresiva sigue aquí entre nosotros?

¿Por qué todavía tenemos un Estado, pregunta Murray Rothbard, cuando los medios políticos coercitivos y explotadores van en contra del derecho natural? La vía política no es productiva sino parasitaria, «en lugar de añadir a la producción, la resta». El parasitismo es la naturaleza del Estado, también en su forma «democrática». El Estado chupa riqueza del sector productivo, disminuye los incentivos para producir. El Estado nos hace pobres.

Ampliando los enfoques definitorios de Max Weber, Joseph Schumpeter y Franz Oppenheimer, Murray Rothbard define el Estado como «la sistematización del proceso depredador sobre un territorio determinado». Mientras que la delincuencia privada es esporádica y el parasitismo individual es efímero y puede ser rechazado por las víctimas, el Estado «proporciona un canal legal, ordenado y sistemático para la depredación de la propiedad privada; hace cierto, seguro y relativamente 'pacífico' el sustento de la casta parásita en la sociedad».

Como la producción es anterior al consumo, la provisión de bienes debe preceder a su depredación. El Estado no puede existir antes que la economía. Sin la existencia de una economía, no puede haber «contrato social». Sin una base productiva, el contrato social es un mito.

El Estado todavía existe. Tiene a su lado el aparato estatal y su burocracia. Estas, sin embargo, no serían suficientes si no se ampliaran mediante la propaganda estatal. La fuerza es el modus operandi del Estado, pero la ideología proporciona la coherencia del Estado. Incluso más que en épocas anteriores, los gobiernos necesitan el consentimiento de los gobernados. A medida que el Estado de bienestar se acerca a su límite económico, se vuelve más difícil utilizar la redistribución como medio político para ganar la lealtad de las masas. El grupo de personas que recibe beneficios netos del Estado debe ser minoritario. Para obtener el apoyo de la mayoría, la gente debe ser persuadida por una ideología de que el gobierno es necesario e inevitable, que es benévolo y beneficioso para todos. En su «Anatomía del Estado», Murray Rothbard identifica a los intelectuales modernos como los portadores de esta tarea. Los intelectuales, como formadores de opinión, sirven como guardaespaldas ideológicos del Estado moderno.

El Estado y los intelectuales se necesitan mutuamente. Los intelectuales del Estado son la clase sacerdotal de nuestros días.

El libre mercado no sustenta a muchos intelectuales. Para poder ganarse la vida, necesitan la financiación del Estado. Una alianza histórica de intelectuales es la otra pata de cómo el Estado mantiene su existencia como maquinaria de explotación. Junto con estos aliados, el Estado secular moderno también ha asegurado a la «ciencia» como su afiliado. Mientras el sacerdocio condecoraba al Estado como santo, la ciencia lo deifica como razón última. Los guardaespaldas del Estado moderno son la hueste de expertos que encuentran amplio empleo en ministerios, agencias, comisiones, universidades y en multitud de instituciones nacionales e internacionales.

Rothbard (1974) revela que «el uso cada vez mayor de la jerga científica ha permitido a los intelectuales del Estado tejer una apología oscurantista del gobierno del Estado que sólo habría sido objeto de burla por parte de la población de una época más simple». Estos expertos enseñan que el robo por parte del Estado ayuda a sus víctimas, que la economía necesita la política para su estabilización y que el empleo y el progreso económico son logros del gobierno. Bajo el manto de la ciencia, el Estado se ha expandido como nunca antes. Ahora es la «ciencia» la que sirve como aparato de propaganda para promover la agenda de expansión del Estado moderno. La explotación se ha vuelto tan sutil que ya casi nadie se da cuenta.

El Estado se protege y promueve su poder mediante el miedo. Si un enemigo extranjero es derrotado, el siguiente ya está elegido. Los enemigos internos abundan no sólo en un régimen como la Unión Soviética de Stalin sino también en la «democracia» moderna. El propio Estado moderno está revestido con el manto de la nacionalidad. La nación sirve ahora como fuente de pasión, obediencia ciega y motivo de exclusión y condena de aquellos individuos que no sucumbirán. El Estado democrático necesita a la nación porque se supone que ésta no representa al rey absoluto sino al absolutismo del pueblo.

Como señala Hans-Hermann Hoppe (*Una breve historia de la humanidad*, 2015): «En la democracia, la distinción entre gobernantes y gobernados se vuelve borrosa. Incluso surge la ilusión de que la distinción ya no existe». La democracia transforma las guerras limitadas del pasado en guerras totales modernas en las que el enemigo debe ser degradado y deshumanizado en favor de la gloria de la propia nación.

La competencia de los partidos políticos por los votos es fundamentalmente diferente de la competencia en una economía de mercado. En una competencia de mercado, los productores compiten en cuanto a la venta de sus productos a cambio de un pago. En una democracia, los políticos compiten por los votos en un intercambio de favores. Los beneficios aparentes que los votantes esperan recibir consisten en ventajas como resultado de una redistribución coercitiva.

Impulsado por la política partidista, el Estado democrático avanza inexorablemente hacia su propia desaparición. La quiebra estatal acecha en todo el mundo. La era socialdemócrata ha terminado. La capacidad del Estado para sobornar está llegando a su fin. ¿Qué hacer tras el colapso del Estado democrático moderno? La respuesta es el anarcocapitalismo y el gobierno de una «sociedad de derecho privado» (Hoppe). Para lograr este cambio, la condición previa es la separación entre los intelectuales y el Estado, de la misma manera que la separación de la Iglesia y el Estado había derribado al antiguo Estado. Corresponde a los académicos retirar su respaldo al Estado. Los intelectuales no tienen nada que perder excepto sus cadenas. La «marcha por las instituciones» ha terminado. Para quienes estudian ahora, el camino hacia el ascenso a través del servicio estatal está cerrado.

SERVIDUMBRE VOLUNTARIA

En su ensayo sobre la política de la obediencia (*Discours de la Servitude Volontaire*), Etienne La Boétie (1530-1563) plantea la cuestión central del gobierno político: ¿Cómo es posible que el pueblo, como mayoría, se deje gobernar por un pequeño grupo, minoría y, a veces, en el caso de un autócrata, cae en manos de una sola persona? ¿Cómo es posible que la gente permita que un pequeño grupo de hombres torture, explote y abuse de la mayoría? ¿No es extraño, se pregunta La Boétie, que este gobernante dictatorial, como ser humano, sea a menudo físicamente débil, payaso, femenino, cobarde y débil mental?

¿No sería más bien natural que uno obedezca a sus padres cuando sea niño, pero que después de haber crecido y ganado la razón, no quiera ser el sirviente de nadie y no el bálsamo de otra persona? La respuesta de La Boétie a estas preguntas es que la causa de la servidumbre humana no puede ser sólo la coerción. Ningún tirano tiene tantos ojos para poder vigilar a toda una nación, ni tantas manos para golpear al pueblo con tantos golpes. La respuesta es la obediencia. No es la coerción la que explica la tiranía sino la «servidumbre voluntaria».

La tiranía puede surgir mediante elecciones, por la fuerza o por herencia. Aunque los métodos difieren en cuanto a cómo los gobernantes llegan al poder, el método de dominación es el mismo. Todo tipo de reglas, incluida la tiranía, se basan en la sumisión voluntaria del pueblo. ¿Cómo surgió esta esclavitud?

Una razón, explica La Boétie, es que en algún momento de la historia los seres humanos perdieron su libertad ya sea por conquista externa o por corrupción interna. A partir de entonces se sucedieron una generación tras otra que ya no sabían nada de la libertad y lo que significa. La sumisión se había convertido en un hábito. Los hombres cayeron en servidumbre y se volvieron complacientes con su condición de cautiverio. La naturaleza humana fue víctima de las circunstancias, de la costumbre, de la falta de educación. La propaganda estatal sistemática completó este proceso de sometimiento. Con el tiempo, las huellas del conocimiento de la libertad se pierden y lo que queda es sólo la experiencia de la servidumbre como forma natural de existencia humana.

La segunda razón de la servidumbre es la resignación y la diversión. Aunque la servidumbre inquieta a la gente, también la tranquiliza en su resignación cuando otras preocupaciones además de la libertad ocupan su mente. Los gobernantes lo saben y proporcionan las diversiones de pan y circo, de gula y alegría. La euforia que acompaña a las diversiones que ofrece la cultura de masas extingue el desafío y el agotamiento emocional mantiene al pueblo todavía en su resignación política.

La tercera causa de sumisión es el uso de la religión por parte del tirano. A la gente le gusta creer en los milagros y los gobernantes buscan la decoración que acompaña a las ceremonias que celebran la divinidad y la santidad. Los gobernantes crean una red de tabúes y santuarios. Junto con el servicio religioso está el servicio estatal. De esta manera, la desobediencia al Estado se convierte en pecado, la rebelión en acto de blasfemia y el tiranicidio en deicidio.

La cuarta razón de la servidumbre voluntaria es el papel de una clase especial de personas que se interponen entre el gobernante y el pueblo. Estos son los empleados públicos, los intelectuales financiados por el Estado y los ricos que se benefician del Estado. Estas personas aceptan el soborno del tirano porque no saben nada mejor o porque estiman los beneficios que reciben por encima de su libertad y la justicia.

En una monarquía, como era el caso en la época en que vivía La Boétie, los cortesanos y la nobleza representaban a este grupo de privilegiados. A los ojos de La Boétie, estas personas son deplorables. Se trata de personas que han sido abandonadas por Dios y la humanidad, que se humillan ante el rey y no se oponen al trato degradante que reciben de su amo. Mientras el resto de la población obedece porque debe hacer lo que le dicen, quienes forman parte del séquito del rey o del tirano «tienen que pensar lo que los reyes quieren que piensen». Estos aduladores deben anticipar los deseos del autócrata y complacerlo. Para ellos no basta con obedecer, deben adorar al tirano. «Servirle los destruye, pero se espera de ellos que compartan su alegría, que abandonen sus gustos por los suyos, que cambien su naturaleza y su constitución». El pueblo común debe sólo una parte de su existencia al tirano, los aduladores todo lo que son y lo que tienen.

La tiranía hace sufrir a todos, incluido el propio tirano. El autócrata no puede dar ni recibir amor. No debe mantener la amistad. Está rodeado de crueldad, deshonestidad e injusticia.

¿Qué hacer ante esta tragedia? ¿Cómo puede la humanidad superar la sumisión? ¿Cómo podemos salir de esta estafa y dejar atrás esta calamidad donde todos deben sufrir, incluido el propio tirano? Olvidemos las respuestas eruditas y complicadas, dice La Boétie. La respuesta es sencilla. Lo que hay que hacer para evitar y deshacerse de la tiranía es la voluntad y el deseo de los individuos de permanecer libres y ser libres.

El don de la libertad es una posesión natural de la humanidad. No requiere justificación ni elaboración. Todo lo que se necesita es reclamar la propia libertad. La libertad no es un derecho sino una elección. Si fuera un derecho, se lo podría quitar de la misma manera que se lo dio. Sin embargo, la libertad no es un derecho sino una parte de la naturaleza humana. Pertenece naturalmente al ser humano. En su optimismo juvenil, Etienne exclama: «Decidid a no ser más siervos y seréis libres». No se requiere otra hazaña que simplemente dejar de apoyar la tiranía. Quita tu apoyo y el coloso perderá su soporte y caerá.

La búsqueda de la anarquía no debe surgir mediante el fuego y la rabia. El tirano no necesita ser derrocado de su trono por otro hombre que se convierta en el nuevo opresor después de su victoria contra el viejo. A lo largo de la historia, la consecuencia del violento ataque contra la tiranía ha sido que los líderes de la insurrección vaciaron el trono sólo para ocuparlo ellos mismos. Las conspiraciones para acabar con los tiranos tienden a resultar contraproducentes y empeorar las cosas. La insurgencia no es el camino hacia la libertad.

No es necesario enfrentarse al tirano. Lo que hay que hacer es eliminar los cimientos de la tiranía. La tiranía no se basa en la fuerza sino en la sumisión. Para deshacerse de la tiranía, la gente debe poner fin a su servidumbre voluntaria. No es el tirano quien se pone en su lugar y permanece en él sino el pueblo que se somete a él. Son las personas las que alimentan al monstruo. La gente debe dejar de ofrecer sacrificios, devoción e idolatría, y el tirano caerá solo.

Para poner fin a la tiranía del Estado, la gente debe dejar de aceptar la servidumbre. No necesitan quitarle nada al tirano, lo que deben hacer es dejar de ceder. Para salir de la tiranía, el ser humano no necesita cambiar la esencia de su naturaleza. Todo lo que uno debe hacer es deshacerse de lo que obstaculiza el avance individual. Cuando el tirano ya no recibe obediencia y el pueblo ya no obedece sus órdenes, el gobernante queda desnudo, sin ningún poder y desarmado de los instrumentos de su dominio.

Sin el apoyo del pueblo, el tirano no es nada. Comparte el destino de una raíz que se queda sin agua y sin alimento: se convierte en un trozo de madera seca y muerta: «Decídete a no servir más y al instante serás libre. No te pido que pongas tus manos sobre al tirano para derrocarlo, sino simplemente que no lo sostengáis más, entonces lo contemplaréis, como un gran Coloso al que le han quitado el pedestal, caerá por su propio peso y se romperá en pedazos», dice La Boétie. Aprendamos la anarquía, se podría añadir.

Dos siglos después de La Boétie, en 1841, David Hume («Of the First Principles of Government») expuso el mismo principio de servidumbre por consentimiento con claridad y distinción:

> «Nada parece más sorprendente para quienes consideran los asuntos humanos con ojos filosóficos, que la facilidad con la que muchos son gobernados por unos pocos; y la sumisión implícita con la que los hombres resignan sus propios sentimientos y pasiones a los de sus gobernantes. Cuando investigamos por qué medios se efectúa este milagro, descubriremos que, como la fuerza está siempre del lado de los gobernados, los gobernantes no tienen nada que los apoye excepto la opinión. Por lo tanto, sólo sobre la opinión se funda el gobierno, y esta máxima se extiende a los gobiernos más despóticos y militares, así como a los más libres y populares».

La historia no termina aquí. Si bien la sumisión y la servidumbre voluntaria han sido la regla, siempre habrá unos pocos que sientan el yugo de la esclavitud y tratarán de sacudirlo. Tales personas nunca desaparecerán completamente de esta tierra, afirma La Boétie: «Aunque la libertad hubiera desaparecido por completo de la tierra, tales hombres la inventarían». El deseo de libertad no se puede extinguir. Algo extraordinario siempre reavivará la luz de la libertad. Aunque no conocen la libertad como una realidad, pueden imaginarla y sentir el espíritu de libertad. Estos hombres, aunque privados de su libertad, saben que ésta existe. Aislados unos de otros, cada uno de ellos está perdido en su propio mundo espiritual, pero cuando consiguen los medios para comunicarse entre sí, llega el fin de la tiranía.

LA EDAD DEL INDIVIDUO

El máximo exponente de la filosofía del anarco-individualismo es Max Stirner (1806-1856). En su «Der Einzige und sein Eigentum» (Leipzig 1844/45) - «El único y su propiedad», afirma que para llegar a uno mismo es necesario deshacerse de la multitud de influencias externas perjudiciales que someten y disuelven la esencia de ser uno como uno mismo.

Es una mentira evidente que el hombre nace libre. Desde el nacimiento hasta la muerte, el hombre forma parte no sólo de la sociedad sino de una sociedad específica en el tiempo y el espacio. Para el anarcoindividualista, la tarea humana no es cambiar la sociedad e intercambiar un régimen de poder por otro. Lo que importa es liberarse de la sociedad, convertirse en uno mismo tanto como se pueda. El egoísmo no es antisocial. Al seguir el camino del egoísmo se promueve una sociedad mejor. La mejor sociedad es una sociedad sin Estado compuesta de egoístas racionales.

Max Stirner diagnostica que el paso del siglo XVIII al XIX marca el comienzo de la «época política». La ruptura se produjo con la Revolución Francesa. El Estado se convirtió en el nuevo Dios. La gente se volvió loca en sus deseos de servir a este Dios terrenal; el culto al Estado se convirtió en la nueva religión. Servir al Estado se convirtió en el ideal más elevado de todos y servir al Estado en el honor más elevado para todos.

Sin embargo, al Estado no le importa el individuo, lo que soy yo y lo que es mío. El Estado sólo se preocupa por sí mismo. El individuo no es más que una contingencia. La cuestión es que el Estado no puede comprender al individuo porque el individuo trasciende la comprensión del Estado. La concepción del Estado, la comprensión del Estado, es demasiado limitada para comprenderla un individuo. Como el Estado no puede comprender al individuo, no puede hacer nada por la individualidad de un hombre. La actitud correcta del individuo hacia el mundo es que no hará nada por Dios o por la humanidad, sino sólo por sí mismo.

La muerte del viejo Estado y la abolición y contención de la monarquía no liberaron al individuo. Las revoluciones democráticas provocaron el nacimiento de la política y el culto al Estado. La idea del Estado entró en el corazón del pueblo y despertó un nuevo tipo de entusiasmo: el delirio nacional. Servir al Estado como el nuevo Dios mundano se convirtió en una adoración y un nuevo culto. Con la victoria del liberalismo clásico comenzó la época de lo político. Servir al Estado y su mistificación como nación pasó a ser el ideal supremo, el interés del Estado pasó a ser el mayor interés y el servicio civil (aún sin ser funcionario) pasó a ser el máximo honor.

El declive histórico marca el origen de los horrores del mundo moderno.

El protagonista de este nuevo mundo es el político y los partidos políticos. Un político es una persona cuyo objetivo es cambiar a las personas y al mundo a través del Estado. La dominación es el objetivo del político y el aparato del Estado es el instrumento. Cuanto más grande y eficaz sea el Estado, mejor servirá como herramienta de represión y control. La fuerza del Estado es universal para el político, sólo comparable al poder de Dios. El deseo del político es el Estado omnipotente no menos que la omnipotencia del Señor santo.

Sin embargo, al hacerlo y tomar al Estado como herramienta, el político sufre una gran ilusión. El Estado no es el instrumento de control del individuo más completo ni el más eficaz, aunque el aparato gubernamental es la máquina de dominación más visible. Además, en la medida en que el político quiera dominar y gobernar, él mismo está bajo la autoridad de su propio partido político. Por tanto, ser político significa no ser libre. Como miembro de un partido político, el político debe adoptar el credo del partido, debe seguir las reglas del partido y debe adherirse a los principios del partido. La verdad es que el partido político es dueño del político. El pueblo sabe que el político es un farsante porque mientras pretende marcar las reglas y ser el amo, él mismo es la víctima deplorable del sistema.

Los políticos no representan y no pueden representar al individuo. Tienen al Estado en la cabeza y en el corazón. Los políticos no creen en el individuo, creen en el Estado. Los políticos están poseídos por el Estado, son «creyentes del Estado» y, por tanto, son enemigos del individuo. Los políticos evocan el «bien común» como objetivo. Sin embargo, la idea de un «bien común» es una ilusión. «El bien común no es mi bien», escribe Stirner, «el bien común se alegra, mientras yo sufro; el Estado brilla, mientras yo languidezco».

El liberalismo no liberó al individuo. El «liberalismo» es la aplicación de una visión racional a nuestros problemas y, por tanto, el objetivo del liberalismo es un «orden racional», una «conducta moral» y una «libertad limitada». El liberalismo se opone a la anarquía, al desorden, a la individualidad adecuada y, en la medida en que impera la racionalidad, la persona individual se convierte en sujeto. Bajo el liberalismo, el individuo no es su propio amo. La razón debe prevalecer, dice el liberalismo, también a costa del individuo y en detrimento de las peculiaridades de su personalidad. En lugar de una era de libertad, la victoria del liberalismo clásico marca el comienzo de la «época de lo político».

El anarquismo individualista es el camino para superar los horrores del Estado moderno. El anarco-individualismo surge como la asociación de egoístas racionales. El egoísmo es diferente del egotismo o del egoísmo brutal. El egoísmo racional no es hedonismo. El egoísta racional es prudente, su mente está equilibrada. Aborrece la gratificación inmediata que viene con la pasión y el placer. El egoísta racional no es egotista ni antisocial. La sociedad como asociación de egoístas racionales no requiere gobernante. La sociedad comercial existe como relaciones de intercambio voluntario. El egoísta racional no necesita ni quiere un gobernante. De la misma manera, cuando rechaza el gobierno, el egoísta racional rechaza otros gobernantes que pueden dominarlo, como la codicia por el dinero, el poder y la fama.

No es egoísta el individuo egotista, sino que las entidades verdaderamente egotistas son los colectivos, como la nación, la familia, la iglesia y el Estado. Si bien el egoísmo del individuo es natural, el egotismo de estos colectivos es artificial. Mientras que el egoísmo del individuo es restringido, el egotismo de las colectividades es ilimitado. Los colectivos pueden afirmar que son altruistas, pero su identidad genuina es la aplicación del terrorismo moral como forma de mantenerse. Mientras que un egoísta racional puede actuar voluntariamente de forma altruista en circunstancias específicas en función de sus necesidades, un colectivo, por el contrario, aplicará presiones morales para obligar a sus miembros a renunciar a sus propios intereses en favor del llamado bien común del colectivo. Los colectivos son entidades brutales y egotistas, y el más frío, más duro y más brutal de todos los colectivos es el Estado. El Estado es esa institución peculiar, que combina sistemáticamente el terror moral con la fuerza física.

Hay un conflicto permanente entre lo individual y lo colectivo. El individuo y lo colectivo son enemigos naturales. Lo individual es una coincidencia de lo colectivo. El colectivo sólo se ocupa de sí mismo, mientras que el individuo debe cuidar de los suyos. El interés del individuo está en sí mismo, pero el colectivo quiere todo para sí y nada para el individuo. El colectivo exige abnegación y quiere mantener al individuo como su sujeto. Sin embargo, el individuo se quiere a sí mismo y nada más que a sí mismo.

El poder del colectivo es la impotencia del individuo. La humildad del individuo es la soberanía del colectivo. El colectivo gobierna mediante la renuncia de los individuos. El desaliento del individuo proporciona el coraje del colectivo para exigir la sumisión del individuo bajo la autoridad del colectivo. Todo lo que uno, como individuo, puede ser, lo llega a ser no a través del colectivo sino contra el colectivo.

Los colectivos ejercen opresión moral. Sus herramientas son los falsos dioses del deber, el orgullo y el sacrificio. Sin embargo, a diferencia de la asociación de egoístas racionales, el colectivo no ofrece compensación. El patrón de intercambio en lo colectivo no es la reciprocidad sino la extracción. De todas las entidades colectivistas, la más horrorosa es el Estado. El Estado es el colectivo más represivo y más peligroso y, por tanto, el mayor enemigo del individuo porque el Estado es el colectivo con el acceso más amplio a la aplicación de la violencia. El Estado moderno es el mayor propagador de la miseria moderna. La alienación moderna no es el resultado de la división del trabajo sino de la sumisión del individuo bajo el poder omnímodo del Estado.

El Estado es el gran embaucador de la era moderna. Los políticos prometen justicia, libertad e igualdad y a cambio exigen para sí todo el poder en forma de hacerse con el poder del Estado. Al prometerlo todo, el Estado se lo queda todo y deja al individuo impotente. Para el Estado, la pretensión de legalidad es la pretensión de violencia. El derecho es creado por el poder del Estado, pero un derecho que se otorga no es un derecho y un tipo de libertad que no se logra por uno mismo no es libertad. La justicia es un instrumento de tiranía y la justicia social es la herramienta de la tiranía absoluta. La igualdad es la mayor de todas las mentiras del Estado. El deseo de igualdad ya es fraudulento, afirma Max Stirner.

La salida del cautiverio bajo el Estado moderno es la libre asociación de egoístas más allá del Estado. Sin embargo, en el actual sistema de Estado integral no se puede esperar que muchas personas encuentren su camino hacia sí mismas. La mayoría de la gente sólo tomará conciencia de su individualidad cuando la esclavitud colectivista haya terminado y el Estado desaparezca.

No habrá libertad mientras exista Estado. Acabar con el Estado es el gran desafío de nuestro tiempo. En un giro dialéctico de dimensión hegeliana, la abolición del Estado es un acto político. Acabar con el Estado puede ser la última y mayor hazaña colectiva, el último y mayor logro de la política y puede ser la verdadera misión histórica de los partidos políticos.

El egoísmo racional tal como lo promueve Max Stirner debe necesariamente confundirse con el egoísmo psicológico y ético. El egoísmo racional es un interés propio reflexivo, mientras que el egoísmo psicológico es patológico. El egoísmo ético también queda fuera de la pantalla del concepto de egoísmo de Stirner porque implicaría una obligación moral, lo que va completamente en contra de la idea central de la filosofía de Max Stirner.

TIPOS DE EGOISMO

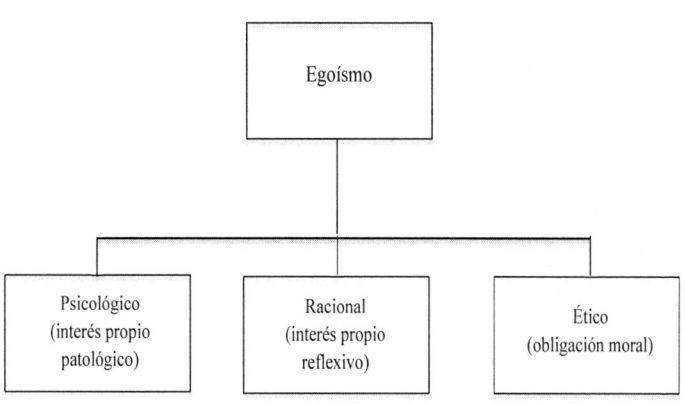

¿QUÉ ES EL ANARQUISMO?

Cuando vamos más allá de la mera explicación del concepto 'anarquismo' como uno de origen griego compuesto por 'an' (contra) y 'arkhos' (líder), las cosas se vuelven algo confusas porque 'anarquismo' es también un término político, y como todos los términos políticos, es un concepto polémico. En el sentido de «ausencia de gobierno», el término surgió en Francia en la década de 1530 como «anarquía» y, a partir de la década de 1660, se utilizó como expresión general de la ausencia de autoridad y de un estado de confusión. Con el surgimiento de filósofos que se autodenominaban explícitamente «anarquistas», el término adquirió su significado moderno en la primera mitad del siglo XIX como «orden sin poder», «sociedad sin Estado» y «gobierno directo».

Algunos historiadores del anarquismo rastrearán las raíces del anarquismo hasta Laozi, los antiguos griegos y los estoicos, mientras que otros ubicarán el origen del anarquismo en las décadas posteriores a la Revolución Francesa. También como concepto, el «anarquismo» tiene muchas capas. Mucho más que un término específico, el anarquismo es un concepto genérico que engloba una amplia gama de significados y muchas contradicciones.

Cualquiera que sea el propósito de una clasificación, debe hacerse una distinción necesaria entre anarquismo «político» y «filosófico». Hay poco que estos dos tengan en común e incluso puede parecer dudoso que los «anarquistas políticos» puedan tener un derecho legítimo al título de «anarquistas».

Después de todo, «anarquismo político» significa estar involucrado en acciones políticas que van desde la agitación pública hasta la participación en guerras (como ocurrió en la guerra civil española con los anarquistas sindicalistas). Los representantes del anarquismo político como Pierre-Joseph Proudhon (1809-1865), Mikhail Bakunin (1814-1876) y Peter Kropotkin (1842-1921) tomaron parte activa en las luchas políticas de su época y no fueron menos beligerantes que sus almas gemelas comunistas.

Algo más acerca a los anarquistas políticos también a sus hermanos comunistas: su demanda de igualdad económica. En este sentido, los 'anarquistas políticos' cometen el mismo error que los comunistas porque ignoran que la desigualdad está en la naturaleza del hombre y que los esfuerzos por igualar algo que es naturalmente desigual requiere fuerza y, por tanto, es profundamente antianarquista. Más aún, al participar en las batallas políticas, los anarquistas políticos traicionan el principio anarquista de oponerse a la política. ¿Qué otra cosa es la política sino la lucha por el control del aparato del Estado?

Lamentablemente, los libros sobre anarquismo más distribuidos, como, por ejemplo, «Anarchism» de Colin Ward, que apareció en la serie de Oxford de «introducciones muy breves» (Colin Ward: *Anarchism. A very short introduce.* Oxford University Press, 2004), ignoran en gran medida la diferencia entre anarquismo político y filosófico y dedican casi todas sus consideraciones al anarquismo político. Ward sigue la tradición de otros escritores sobre anarquismo, como el libro de 470 páginas de George Woodcock, *Anarchism* of 1962, que ha disfrutado de muchas reimpresiones como edición de bolsillo de Penguin y fue traducido a muchos idiomas. Asimismo, el tratado de Peter Marshall de más de 700 páginas titulado *Demanding the Impossible: A History of Anarchism* (HarperCollins) de 1992, que goza de un gran número de lectores, no proporciona un análisis profundo de la rama filosófica del anarquismo.

El anarquismo filosófico se diferencia del anarquismo político no porque sea pasivo sino porque no elige la forma política de lograr un orden anarquista. Los anarquistas filosóficos también saben que la dominación no proviene de la fuerza sino del consentimiento de los dominados. La forma correcta de proceder, por tanto, no es la confrontación con el poder del Estado, sino quitarle el apoyo del Estado. Los anarquistas filosóficos siguen la idea de que es la opinión pública la que produce la servidumbre voluntaria y que la sumisión hace posible la tiranía. La tarea del anarquista filosófico es la iluminación, no la rebelión. El camino del anarquista político se parece más a un motín que a un levantamiento.

El camino hacia una sociedad libre pasa por el cambio de opinión pública. Si bien este camino parece largo, los atajos no son una alternativa porque no conducen a ninguna parte y la mayoría de las veces sólo traen reveses en la batalla por la libertad. Los cambios de opinión se producen de forma exponencial. Durante mucho tiempo puede parecer que apenas hay avances. Sin embargo, a medida que pasa el tiempo, la curva se vuelve más pronunciada y finalmente las cosas cambian de la noche a la mañana. Los anarquistas filosóficos sólo se enfrentan a sí mismos como enemigos cuando desisten y dimiten.

A diferencia del anarquismo político que surgió en las décadas posteriores a la Revolución Francesa, el anarquismo filosófico se remonta a la era precristiana. La cronología de los pensadores de esta tradición es impresionante. El anarquismo filosófico puede reivindicar al chino Laozi (que murió en 533 a. C.) como uno de los primeros representantes conocidos de una filosofía política antiautoritaria («Al gobernar, no intentes controlar»), la escuela griega de los cínicos y los estoicos, así como los muchos elementos del pensamiento anarquista en el budismo y el hinduismo.

Zenón de Citium, siguiendo los pasos de Diógenes de Sínope, defendió formas anarquistas de sociedad alrededor del año 300 a.C. El modelo de República de Zenón no necesita estructuras estatales. En oposición a Platón (ca. 425 aC a 348/347 aC), Zenón se opuso a la omnipotencia del Estado, contra su intervención y su reglamentación. Sostuvo que la sociabilidad natural del hombre mantiene su egoísmo bajo control.

La antigua Roma era la antítesis misma del anarquismo. Los estoicos Epicteto (50 a 135) y Marco Aurelio (121-180) son los pocos pensadores de la antigua Roma con alguna conexión con el anarquismo.

No sabemos qué filósofo vivió en el ámbito comercial de Cartago y contribuyó al pensamiento anarquista. En las tres Guerras Púnicas (264 a. C. a 146 a. C.), el militarismo romano arrasó Cartago dejando sólo un montón de piedras. El imperio comercial cartaginés era una de las comunidades económicamente más desarrolladas, una comunidad plenamente comercial con fuertes características anarcocapitalistas. Quizás los cartagineses no tenían ningún filósofo libertario o anarquista porque no los necesitaban, porque ya eran practicantes de una sociedad sin Estado.

En la Edad Media, Meister Eckhart (ca. 1260 - ca. 1328) saltó a la fama como teólogo y místico. Sus escritos tuvieron una gran influencia en el pensamiento del anarquista comunitario Gustav Landauer (1870-1919), quien a su vez inspiró el primer movimiento sionista del kibutz.

En cuanto a la filosofía de la Baja Edad Media, hay que rendir homenaje a los grandes aportes de los escolásticos portugueses y españoles, particularmente a los trabajos de Francisco Suárez (1548-1617), con la promoción de conceptos como utilidad subjetiva, soberanía personal y justificación del tiranicidio.

A raíz de la Reforma, aparecieron varios movimientos anarquistas de carácter cristiano, como los husitas, los adamitas y los primeros anabaptistas. Conocida como la «Rebelión de Münster», los anabaptistas establecieron un gobierno sectario comunal de corta duración en 1534 que fue derrocado en 1535.

Al inicio de la Edad Moderna, las primeras grandes obras maestras del pensamiento antiautoritario fueron «El elogio de la locura» (1511) de Erasmo de Rotterdam (1466-1536), seguida de «La servidumbre voluntaria» (escrita hacia 1549, publicada en 1576) de Etienne La Boétie (1530-1563). Ambos son clásicos que no han perdido nada de su relevancia.

Un hito en el desarrollo del pensamiento libertario y la anarcofilosofía se produjo con la publicación de «The Grumbling Hive, or Knaves Turn'd Honest» en 1705, más conocido por su título posterior como «Fábula de las abejas. Vicios privados, beneficios públicos». « de Bernard de Mandeville (1670-1733). Sin este avance intelectual, esta profunda transformación de los valores morales, ni las teorías económicas de Adam Smith ni las ideas filosóficas de David Hume habrían surgido, y las tres han motivado a Immanuel Kant (1724-1804) a escribir su promoción de la paz mundial de una comunidad de repúblicas libres con su «Hacia una paz eterna» (1795).

Una literatura anarquista propiamente dicha surge con William Godwin (1756-1836), quien utiliza el término anarquismo con habilidad. Su «Investigación sobre la justicia política y su influencia en la moral y la felicidad» de 1793 es un clásico de la literatura anarquista. En esta obra, Godwin denuncia al Estado como la institución que, en lugar de pretender promover el progreso humano, frena el avance de la humanidad.

Con cautela, se puede añadir a esta cronología a John Stuart Mill (1805-1873), en particular su *On Liberty* (1859). No es del todo falso que algunos autores nombran a Mill como el fundador de lo que hoy en día se llama en Estados Unidos «liberalismo» y en otros lugares se conoce como «socialdemocracia».

El primer tratado sobre el anarquismo individualista fue escrito por Max Stirner (1806-1856). Su «Der Einzige und sein Eigenthum» (traducido no correctamente como «El Único y su Propiedad») se publicó en 1844 (es anterior a 1845). Su filosofía es una denuncia radical de todos los colectivos que aterrorizan al individuo como fantasmas en forma de abstracciones, como Dios, la nación o la sociedad.

El anarquismo individual floreció en el siglo XIX en los Estados Unidos gracias a las obras de figuras tan conocidas como Ralph Waldo Emerson (1803-1882), William Graham Sumner (1840-1910), Benjamin Tucker (1854-1939) y continuó prosperando en el siglo XX con autores como Murray Rothbard (1926-1995), Robert Nozick (1938-2002) y muchos más.

La Escuela Austriaca de Economía está estrechamente relacionada con la tradición anarquista en los Estados Unidos. Muchos académicos libertarios son también economistas austriacos como Murray Rothbard. La economía austriaca tiene sus raíces en las contribuciones académicas de Carl Menger (1840-1921), Eugen von Böhm-Bawerk (1851-1914), Ludwig von Mises (1881-1973) y Friedrich Hayek (1899-1992). Esta escuela, a su vez, puede remontar sus raíces a la escuela de Salamanca y a los economistas franceses como Francois Quesnay (1694-1774), Anne Robert Jacques Turgot (1727-1781), Jean-Baptiste Say (1767-1832), y Frédéric Bastiat (1801-1850).

CRONOLOGÍA DEL ANARQUISMO MODERNO

Tipo	Representante	Principal trabajo(s)	Cita
Anarquismo liberal	William Godwin (1756-1836)	*Investigación sobre la justicia política y su influencia en la virtud y la felicidad generales* (1793)	"El gobierno tenía como objetivo suprimir la injusticia, pero su efecto ha sido encarnarla y perpetuarla"
Ego-anarquismo	Max Stirner (1806-1856)	*El Único y su Propiedad* (1844)	"¿Qué es la libertad? Tener la voluntad de ser responsable de uno mismo"
Mutualismo	Pierre-Joseph Proudhon (1809-1865)	*¿Qué es la propiedad?* (1840)	"La propiedad es robo" "La propiedad es libertad" "La anarquía es orden"
Anarquismo socialista	Mikhail Bakunin (1814-1876)	*Dios y el Estado* (1882)	"La libertad sin socialismo es privilegio e injusticia, pero el socialismo sin libertad es esclavitud y brutalidad"

Anarcosindicalismo	Rudolf Rocker (1873-1958)	*Nacionalismo y Cultura* (1937) *Anarcosindicalismo: teoría y práctica* (1947)	"Es el Estado el que crea la nación, y no la nación el Estado"
Comunismo anarquista	Peter Kropotkin (1842-1921)	*Campos, fábricas y talleres* (1899)	"Todas las cosas son para todos" "¡No compitas!" 4
Anarquismo comunal	Gustav Landauer (1870-1919)	*Revolución* (1907)	"Sólo el renacimiento de todos los pueblos a partir del espíritu de comunidad regional puede traer la salvación"
Feminismo anarquista	Emma Goldman (1869-1940)	*Anarquismo y otros ensayos* (1910)	"Exijo la independencia de la mujer, su derecho a mantenerse a sí misma; a vivir para sí misma; a amar a quien quiera, o a cuantos quiera"
Individualismo anarquista	Benjamín Tucker (1853-1939)	*Libertad individual* (1926)	"Métete en tus asuntos" "Agresión, invasión, gobierno, son interconvertibles"
Anarcoliberalismo (libertarianismo)	Murray Rothbard (1926-1995)	*La ética de la libertad* (1982)	"El gobierno es una banda de ladrones a gran escala"
Anarcocapitalismo	Hans-Hermann Hoppe (1949-)	*Democracia, el Dios que fracaso* (2001)	"La democracia no tiene nada que ver con la libertad"

No importa si uno cree en Dios o en la selección natural, siempre y cuando se adhiera al principio de que ambas, la individualidad y la sociabilidad, son inherentes a la naturaleza humana y que, por lo tanto, no se necesita ninguna fuerza externa para que el individuo viva y prospere junto con individuos ordenados en una comunidad. El anarquismo es la libertad del control externo más allá del que proviene de uno mismo. El anarquismo es antiestatal y antigubernamental, pero no antisocial. Como las leyes sólo se justifican cuando están en armonía con la naturaleza humana, no se necesita legislación estatal. Las leyes que están justificadas por la naturaleza no necesitan codificación y todas las demás leyes son ilegítimas.

El anarquismo es un individualismo radical. La teoría del anarquismo rechaza la realidad de los colectivos y se adhiere a un nominalismo estricto. Colectivos como el Estado o la Iglesia son reales sólo en la medida en que forman parte del sistema de creencias de un individuo.

El cuerpo común del anarquismo es la búsqueda de la libertad no en el Estado y bajo el Estado o como Estado, sino contra el Estado y el gobierno. Los anarquistas rechazan el antiguo concepto romano de *libertas* como constitución republicana de un gobierno popular, el concepto lockeano de libertad como libertad individual protegida por el Estado o el concepto de libertad como *volonté général* de Rousseau o la libertad encarnada en la racionalidad de la estadidad como en la filosofía de Hegel.

TIPOS DE ANARQUISMO

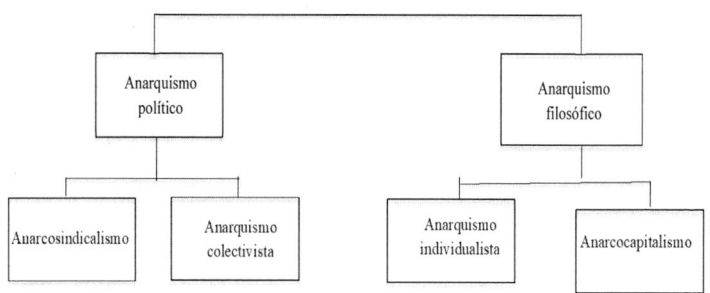

La distinción entre anarquismo político y filosófico es importante porque es sólo parcialmente una separación entre política y teoría, como es común también en otras áreas, como en la economía, por ejemplo. En cuanto al anarquismo, la distinción se refiere también al método de cómo establecer una sociedad anarquista. El camino para los anarquistas políticos es el activismo político, el lanzamiento de partidos políticos y el uso de hazañas políticas directas. Los anarquistas filosóficos, por el contrario, quieren lograr la sociedad anarquista a través de medios indirectos, a través del cambio de la opinión pública y mediante privatizaciones incrementales. El método del anarquista político es político y de confrontación; el método de los anarquistas filosóficos es persuasivo y económico.

El anarcosindicalismo busca establecer una sociedad anarquista a través de la movilización de la clase trabajadora. En este sentido, este movimiento es un rival inmediato de los comunistas que afirman tener el mismo «sujeto revolucionario» como vehículo. No sorprende que la competencia entre estos dos grupos haya sido feroz y combativa. En las grandes batallas políticas del siglo pasado, los anarcosindicalistas fueron frecuentemente enemigos tanto de los comunistas como de los socialdemócratas. En las trincheras de la Guerra Civil Española, las facciones del anarquismo político luchaban tanto entre sí como contra los fascistas como su enemigo común.

El anarquismo colectivista comparte el ideal comunista de la propiedad común, pero se opone al gobierno de un partido. Los principales representantes del anarquismo colectivista, como Peter Kropotkin, eran enemigos rencorosos del régimen soviético tal como fue establecido bajo Vladimir Lenin en 1917. El anarquismo colectivista hizo importantes contribuciones a las comunidades kibutzim del movimiento sionista durante el período fundacional de Israel.

Los principales representantes del anarquismo filosófico son el anarquismo individualista y el anarcocapitalismo. La misma designación de «individualista» ya prohíbe a esta línea de pensamiento formar partidos políticos o luchar juntos en grupos partidistas. Sin embargo, sería un error clasificar al anarquista individualista como solitario o antisocial. Ni siquiera el más radical de esta línea de pensamiento, Max Stirner, llamó a abandonar la cooperación comunitaria y social. Su ideal era una «asociación de egoístas», donde un egoísmo coincide con el de los demás y todos los miembros se benefician del intercambio social y la división del trabajo.

El anarcocapitalismo se basa en la economía. La principal diferencia con las otras formas de anarquismo es que el anarcocapitalista no promueve ni la propiedad común ni la igualdad de ingresos y riqueza. El anarcocapitalismo exige mercados libres lo más extensos e intensivos posibles basados en el respeto a la propiedad privada. La teoría del anarcocapitalismo sostiene que, bajo la condición de capitalismo libre, las diferencias en riqueza e ingresos surgirán sólo temporalmente para productores específicos y serán eliminadas tarde o temprano debido al progreso técnico y la libre entrada al mercado. Además, el anarcocapitalismo postula que, en condiciones de libre competencia con bajas barreras de entrada y salida del mercado, el progreso tecnológico se producirá más rápidamente, con mayor frecuencia y bastante continuamente, de modo que el efecto disruptivo del cambio será menor que en una sociedad que se mueve más lentamente, donde los intereses sociales y políticos tienen tiempo para ganar posiciones de poder y donde el hábito vuelve a la gente conformista.

Para el anarcocapitalista, la libertad y la prosperidad tienen su ancla en la propiedad privada. Así, Hans-Hermann Hoppe explica la ética rothbardiana:

> Cada uno es su propietario de su propio cuerpo físico, así como de todos los lugares y bienes dados por la naturaleza que ocupa y utiliza por medio de su cuerpo, con la única condición de que nadie más haya ocupado o usado ya los mismos lugares y bienes antes que él. Esta propiedad de lugares y bienes «originalmente apropiados» por una persona implica su derecho a utilizar y transformar esos lugares y bienes en cualquier forma que considere adecuada, siempre que no cambie con ello involuntaria-

mente la integridad física de los lugares y bienes originalmente apropiados por otra persona. En particular, una vez que un lugar o bien ha sido apropiado por primera vez, en palabras de John Locke, «mezclando el propio trabajo» con él, la propiedad de tales lugares y bienes sólo puede adquirirse mediante una transferencia voluntaria –contractual– de su título de propiedad de un propietario anterior a otro posterior.

Un problema compartido por todas las variantes del anarquismo es el de que la libertad existe en un campo trilateral de tensión. Una mirada a las dimensiones de la libertad deja claro que la libertad plena está más allá de la capacidad humana. Nunca habrá completa «libertad de» o «libertad para». Lo mejor que se puede esperar lograr es un alto grado de «libertad de», como la libertad de la tiranía y la libertad de la miseria.

DIMENSIONES DE LA LIBERTAD

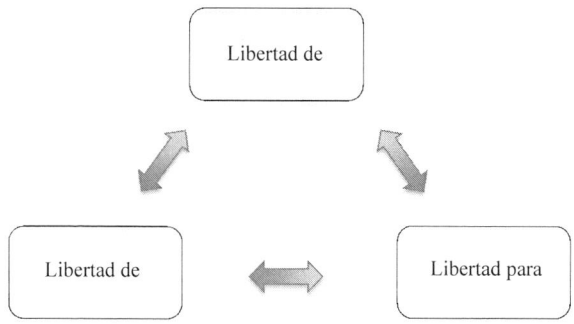

Después del desastre de la Guerra Civil española para el movimiento político anarquista, el anarquismo político ha perdido gran parte de su atractivo. Incluso el movimiento de los kibutzim se ha extinguido en gran medida. El fascismo, el nazismo y el comunismo han desaparecido, y con ellos el anarquismo político como principal contragolpe. Lo que sigue vivo y ha ganado más impulso desde principios de la segunda mitad del siglo XX es el anarquismo filosófico, tanto como anarquismo individualista como como anarcocapitalismo. No existe exclusión mutua entre el anarquismo individualista y el anarcocapitalismo. Cada línea de pensamiento enfatiza un punto algo diferente. El anarquismo individualista se centra principalmente en la «libertad de», de ser la propia personalidad que uno desea desarrollar. Tanto el anarcocapitalismo como el anarquismo individualista exigen la «libertad de», como la libertad de expresión, y ambos reclaman la mayor «libertad de» posible en el sentido de libertad frente a la tiranía y la miseria económica.

* * *

Los libros estaban en los estantes, el conocimiento se difundía, pero en los siglos pasados todavía no había llegado el momento de hacer realidad la utopía de una sociedad libre. Los medios políticos eran todavía demasiado poderosos en comparación con los medios económicos, como dice la famosa distinción propuesta por Franz Oppenheimer.

En su libro sobre la servidumbre voluntaria, Etienne La Boétie lamentaba que incluso bajo la peor represión de la tiranía, siempre habrá algunos hombres eminentes que saben de libertad, que sienten el espíritu de libertad pero con censura, dificultades de transporte y los medios de comunicación bajo control del Estado, estas personas con mentalidad de libertad tienen dificultades para comunicarse y permanecen solitarias en sus esfuerzos.

En nuestros tiempos, estas condiciones han cambiado. Las restricciones a las comunicaciones y al transporte han disminuido. Todo lo que se necesita es mantener y recuperar el derecho a la libertad de expresión. El derecho a portar armas como armamento del pueblo contra la tiranía no es suficiente sin la libertad de expresión. Estos dos derechos van juntos, y no es una coincidencia que estén uno al lado del otro como la primera y la segunda enmienda de la Constitución estadounidense.

Hoy en día, la tarea principal del anarquista filosófico es comprometerse con la libertad de expresión, porque sólo así se puede lograr un cambio en la opinión pública. A diferencia de los intelectuales del Estado, los anarquistas filosóficos no manipularán. Su uso de los medios no es para adoctrinar a la gente. Es el credo de los anarquistas filosóficos que la libertad no es una quimera, que no es algo que viene de afuera al corazón de los hombres, sino que está dentro de todos, que no es un apego a la naturaleza humana sino al mismo núcleo de su propia existencia. La libertad de expresión es el medio para expresarse, para distinguirse, para hablar de los propios deseos y de las propias condiciones. La libertad de expresión significa expresión humana. Sin libertad de expresión, la esencia del ser humano se pierde.

La única manera de extinguir la lucha humana por la libertad es suprimir la libertad de expresión. Mientras la libertad de expresión esté con nosotros, la libertad del hombre estará a salvo. Mientras podamos hablar libremente, la luz de la libertad brillará y el mensaje de la libertad se difundirá.

¿ES POSIBLE EL ANARCOCAPITALISMO?

Incluso si uno está de acuerdo en que el anarcocapitalismo se ha convertido en una necesidad, surge la pregunta de si tal gobernanza es posible. Después de todo, a primera vista, problemas insuperables parecen impedir el florecimiento de una sociedad sin Estado. Libertarianismo significa una sociedad de derecho privado. Las empresas privadas en el mercado cumplen las funciones tradicionales del Estado. Un orden de anarcocapitalismo sustituye la coordinación jerárquica de las actividades del Estado a través de una cooperación horizontal basada en el intercambio voluntario. Aunque un orden libertario equivale a una revolución en cuanto a sus consecuencias, el camino hacia su creación no es revolucionario. El camino hacia un orden anarcocapitalista es gradual como un proceso continuo de privatizaciones. Comenzando con la venta de empresas semipúblicas y servicios públicos, la privatización se extenderá paso a paso a la educación y la salud y abarcará también la seguridad y el sistema judicial.

Las frecuentes objeciones contra el anarcocapitalismo dudan de la posibilidad de sustituir la actividad estatal por el sector privado. Surgen preguntas como: 'Si no hay Estado, ¿quién construiría las carreteras, quién cuidaría de los pobres, quién se encargaría de la educación, los servicios de salud, la seguridad y la justicia? Si no hay Estado, ¿quién pagaría las pensiones?'. Estas preguntas no son el resultado del análisis sino del hábito. Si el suministro de calcetines y ropa interior estuviera en manos del Estado, la gente haría las mismas preguntas sobre los calcetines y la ropa interior. Si el Estado se hace cargo de una actividad, expulsa la oferta privada. Esto lleva al resultado paradójico de que los servicios gubernamentales parecen indispensables cuantas más actividades tiene el Estado bajo su control.

No hace mucho, muchas de las actividades que ahora realiza el Estado estaban en manos privadas. El gobierno no se hizo cargo de estos servicios porque el sector privado fracasó sino porque los partidos políticos, en su búsqueda de poder y su extensión, han invadido el sector privado. Una vez que comenzó la espiral intervencionista, no tenía fin: cuanto más manda el Estado, más poderosos se vuelven los políticos y funcionarios del Estado. A medida que la economía de mercado retrocede, más fácil les resulta a los políticos de los partidos poner nuevas actividades bajo su autoridad.

Cuando el Estado se hace cargo de una actividad económica, la escasez no disminuye, sino que crece. Por lo tanto, todas las actividades principales del Estado –ya sea educación, atención médica o seguridad interna y externa– siempre parecen estar insuficientemente financiadas y necesitadas de expansión. Debido a la escasez artificial, el electorado exige más de estos servicios cuanto más proporciona el Estado. Ningún político de partido se atrevería a negar estos deseos. ¿Qué representante de un partido político propondría reducir el gasto en educación, sanidad y seguridad? Los votantes no se dan cuenta de que están en una trampa. No ven que más allá de la falta de eficiencia también hay un exceso de oferta de servicios gubernamentales.

El límite a una expansión interminable del Estado en términos de gastos es la restricción presupuestaria. Cuando el Estado ha alcanzado el límite financiero, la manía del control no cesa sino que continúa en otras áreas. Cuando el gasto público alcanza su límite y las restricciones financieras restringen los gastos gubernamentales, el Estado recurre al control de aquellas actividades que no requieren gastar dinero. En consecuencia, las áreas de actividades estatales de más rápido crecimiento en las últimas décadas han sido las sanciones conductuales, que van desde lo que uno puede comer y beber hasta lo que uno puede decir y no decir. Primero, los gobiernos regulan lo que uno puede llevarse a la boca, luego el Estado controla lo que puede salir de la boca.

Bajo el anarcocapitalismo, la mayor parte de lo que el Estado ofrece en servicios podría reducirse a una fracción del volumen actual. A escala mundial, sólo el gasto militar asciende a alrededor de 1,7 billones de dólares estadounidenses al año. Los llamados «servicios públicos» no sólo serían mejores y más baratos, sino que también resultaría que, bajo un mercado libre, la demanda de educación, atención médica, defensa y seguridad interna sería muy diferente de lo que es ahora. Por lo tanto, privatizar muchas de las actividades, que ahora están bajo la autoridad del Estado, no sólo conduciría a una disminución de los costos por unidad de los servicios, sino que también reduciría el volumen de oferta porque una gran parte de la oferta actual de servicios. los llamados «bienes públicos» son un desperdicio inútil. Sin perder ninguno de los beneficios genuinos de la educación, la atención sanitaria y la defensa, los presupuestos para estas disposiciones podrían caer a una fracción de su tamaño actual.

Si se incluye el exagerado aparato judicial y de administración pública en la reducción de la actividad estatal, el gasto gubernamental, que hoy en día representa cerca del cincuenta por ciento del producto interno bruto en la mayoría de los países industrializados, podría reducirse a un solo dígito. Los impuestos y contribuciones podrían caer un noventa por ciento.

A diferencia de lo que actualmente es la creencia dominante, privatizar las funciones policiales y el poder judicial no es un problema tan grande. Significaría ampliar lo que ya está ocurriendo. En los Estados Unidos de hoy, por ejemplo, la actuación policial privada, como la realizada por guardias de seguridad, ya se realiza a gran escala y comprende a más de un millón de personas. En algunos países, incluido Estados Unidos, el número de policías y seguridad privados ya supera el número de policías oficiales.

La prestación privada de servicios judiciales está en aumento. Los tribunales de arbitraje experimentan una demanda fuerte y creciente, incluidos servicios para disputas transfronterizas. Estas tendencias continuarán porque la protección y el arbitraje privados son más baratos y mejores que la provisión pública. En Brasil, por ejemplo, que cuenta con uno de los sistemas judiciales más caros del mundo, actualmente hay alrededor de ochenta millones de casos pendientes sin decisión, y la inseguridad jurídica se ha vuelto monstruosa.

LA LUCHA POR LA LIBERTAD

Algunos críticos del libertarismo se preguntan que, si el anarco-capitalismo fuera un orden tan bueno, ¿por qué no se ha probado antes? La respuesta a ese argumento es que todavía no ha habido un orden libertario porque hasta ahora era imposible tenerlo. La causa de esto es que, a lo largo de la historia, los regímenes se establecieron por la fuerza y tan pronto como una persona o grupo de personas específico conquistaba el poder, intentaban monopolizar la información a su favor. Privado de medios de comunicación y bajo censura, al libertarismo se le negó su voz en contraste con la avalancha de teorías, opiniones y propaganda que justificaban y deificaban al Estado y al gobierno.

A lo largo de la historia, la información fue un monopolio. La mayoría de la gente no sabía leer ni escribir. Los libros, folletos y otros materiales de lectura estaban fuera del alcance del hombre común. No fue hasta el siglo XV cuando se produjo un cambio significativo con la imprenta basada en letras móviles. Esta innovación empresarial redujo los costos de las publicaciones. A medida que el material de lectura se volvió accesible, aprender a leer y escribir se convirtió en una habilidad útil.

La invención de la imprenta moderna puso fin a la era del monopolio de la información. Sin embargo, esta tecnología todavía era demasiado limitada para lograr una inclusión total. Lo que surgió no fue una universalidad de la información sino un oligopolio informativo. Durante los últimos siglos, unas pocas instituciones mantuvieron el poder en sus manos. Un pequeño grupo de periódicos, editoriales, universidades y algunas estaciones de televisión y estudios cinematográficos relevantes han controlado los medios de comunicación y han garantizado el papel de unos pocos Estados poderosos e instituciones globales como detentadores del poder. Esta situación está a punto de cambiar, y la conversión será tan dramática como la que ocurrió con el paso de la era monopolística de la información a una estructura oligopólica.

Antes de que Johannes Gutenberg inventara la imprenta con tipos móviles en la primera mitad del siglo XV, la información era un negocio de monopolio. El acceso a la información y su distribución enfrentaron altas barreras de entrada. Para quienes estaban fuera de la estructura de poder dominante, era imposible superar estas vallas. Dado que los umbrales tecnológicos restringían el acceso y el uso de la información, era fácil para quienes estaban en el poder controlar el contenido y el acceso a la información. El control sobre la información significa dominio sobre las personas. Esta constelación estableció un sistema de poder que excluyó a gran parte de la población. Cuando estas barreras informativas cayeron, el mundo empezó a cambiar como nunca antes.

La primera manifestación de la nueva estructura oligopólica de la información fue el surgimiento de grupos religiosos fuera del catolicismo. No es exagerado decir que, sin la imprenta moderna, ni la Reforma, ni la revolución científica, ni la revolución industrial, podrían haber ocurrido. La moderna «economía del conocimiento» comienza con la imprenta porque este instrumento era esencial para la difusión del conocimiento más allá de los círculos pequeños.

La era moderna aún no trajo la libertad plena. El mundo tal como surgió a partir del siglo XV sigue siendo un mundo de poder y control autoritarios. Mientras desaparecía la antigua estructura monopolística, no surgía la libertad, sino un oligopolio, que permitía la censura y la exclusión, aunque de forma más limitada que en la era del monopolio de la información.

No sólo en el ámbito religioso el oligopolio suplantó al monopolio, sino también en el ámbito de la política y la ciencia. En casi todos sus aspectos, el mundo moderno presenta estas estructuras oligopólicas. Por ejemplo, no hay mucho más que un puñado de países que representan a las grandes potencias, como lo es Naciones Unidas o el G7. Casi la misma estructura oligopólica se aplica a las teorías científicas, con ideologías dominantes o con el grupo de universidades prestigiosas. Los conflictos no disminuyeron, sino que aumentaron porque se había vuelto más difícil establecer un monopolio de la información. Una lucha feroz entre el oligopolio de estados, partidos, teorías científicas, ideologías y religiones caracteriza la era moderna. No surgió una era de libertad y paz, sino un período de luchas atroces entre los miembros de los diversos oligopolios, en los que cada uno luchaba por convertirse en monopolista.

Ahora, con las nuevas tecnologías de la información, esta lucha de los miembros del oligopolio por convertirse en monopolistas se está desmoronando porque el nuevo panorama informativo ha ganado una estructura polipólica en la que no solo luchan unos pocos participantes sino muchos proveedores compitan sin que nadie tenga la oportunidad de dominar el mercado.

* * *

Con el inicio de la revolución industrial, la lucha por impuestos más bajos se convirtió en el contenido principal de la revolución estadounidense y francesa con la consiguiente abolición de la monarquía. Sin embargo, acabar con la monarquía no significaba acabar con el Estado. La filosofía libertaria experimentó su primer gran florecimiento en la época de la Revolución Americana. Continuando con los pensamientos y teorías del liberalismo clásico, los panfletistas estadounidenses popularizaron la libertad y la economía sin Estado y prepararon el camino para la independencia estadounidense.

El liberalismo clásico quería promover la libertad individual y minimizar y eliminar al Estado como enemigo del individualismo y la libertad. El programa político del viejo liberalismo pedía el nivel más bajo de impuestos y quería eliminar las regulaciones económicas. El objetivo del liberalismo era liberar al individuo de los grilletes y cargas del Estado tradicional y sus invasiones absolutistas y autoritarias. La intención del movimiento liberal era romper la alianza del trono con los comerciantes y la Iglesia. Separar estas esferas significó disminuir el papel del gobierno y de la iglesia alineada con el Estado. Además de promover la paz, una parte esencial del proyecto liberal era reducir el tamaño y el poder del Estado. La principal arma de los liberales en la batalla contra el Estado fue la lucha por impuestos más bajos.

Sin embargo, aún no había llegado el momento para el pleno establecimiento de un orden anarcocapitalista y del reinado del «obvio y simple sistema de libertad natural», como lo expresó Adam Smith. Junto con el liberalismo clásico en Inglaterra, el libertarismo estadounidense quedó bajo la autoridad del Estado como promotor de lo que hoy se llama «liberalismo». Esta moderna estructura política liberal –o más bien 'socialdemócrata'– está muy alejada de las ideas originales del liberalismo clásico y, en algunos aspectos, es todo lo contrario. En lugar de tener menos Estado, la democracia liberal conlleva más intervención; en lugar de más libertad individual, el sistema actual ha extendido su control sobre el individuo.

Incluso aquellos países que se habían deshecho de la monarquía sufrieron la restauración del Estado.

Murray Rothbard («Por una nueva libertad. El Manifiesto Libertario» pág. 12) explica que en el siglo XIX «el estatismo y el gran gobierno regresaron, pero esta vez mostrando una cara proindustrial y pro-bienestar general. El Antiguo Orden regresó, pero esta vez los beneficiarios cambiaron un poco; no eran tanto la nobleza, los terratenientes feudales, el ejército, la burocracia y los comerciantes privilegiados como el ejército, la burocracia, los debilitados terratenientes feudales y, especialmente, los fabricantes privilegiados. Dirigida por Bismarck en Prusia, la Nueva Derecha forjó un colectivismo de derecha basado en la guerra, el militarismo, el proteccionismo y la cartelización obligatoria de las empresas y la industria: una gigantesca red de controles, regulaciones, subsidios y privilegios que forjaron una gran asociación de un gran gobierno con ciertos elementos favorecidos en las grandes empresas e industrias».

En comparación con el gobierno monárquico, las cosas empeoraron. Los nuevos estados «democráticos» no sólo gastarían, gravarían y regularían más, sino que también se volverían más agresivos. Las revoluciones democráticas dieron origen a tres monstruos venenosos: el nacionalismo, el imperialismo y el socialismo.

En la medida en que había que convencer a las masas de que este nuevo Estado nacionalista intervencionista era mejor para el pueblo que un Estado mínimo y mercados libres, manipular la opinión pública ahora jugaría un papel central. Con la desaparición de los clérigos como principales moldeadores del credo público vino el surgimiento del intelectual moderno: «la nueva generación de profesores, doctores, historiadores, profesores y economistas tecnocráticos, trabajadores sociales, sociólogos, médicos e ingenieros». (Rothbard, *op. cit.*, pág. 14). En lugar de dejar que su comportamiento fuera guiado por los sacerdotes, el público crédulo ahora se rindió al gobierno de los «expertos» como la nueva generación que afirmaba no hablar en nombre de un Dios sino como discípulos de la «ciencia».

La información aún no era gratuita. Aunque ya no era necesario convertirse en miembro del clero, para tener acceso al conocimiento había que pasar por el sistema escolar y universitario controlado por el Estado. Contra esta masa de información controlada por el Estado, las voces de la libertad no tenían ninguna posibilidad.

LA MUERTE DE LOS GUARDIANES

La imprenta permitió la producción y distribución de libros, folletos y tratados científicos con costes mucho menores que antes. Esto, a su vez, fomentó la alfabetización. Pero el proceso mismo de alfabetización, en la forma de educación pública, se convirtió en un sistema de control. El acceso al conocimiento se ha ampliado, pero sigue siendo restringido, manipulador y concentrado. A la entrada del acceso al conocimiento estaban los guardianes. Ya fuera una escuela o una universidad, grupos religiosos o partidos políticos, la estructura oligopólica del poder exigía el control de la admisión a los reinos del conocimiento. No sorprende, por ejemplo, que unirse a un partido político sea casi como unirse a un grupo religioso. Ascender en las filas de un partido político no es muy diferente de hacer carrera en una orden religiosa y ambas formas no son muy diferentes de una carrera intelectual. Los guardianes son famosos por excluir verdades no deseadas y abortar nuevos enfoques que desafían la sabiduría convencional.

Ahora, el ascenso de Internet marca el fin de los guardianes. Antes de la revolución de la información, el predominio de estructuras oligopólicas era omnipresente, como lo demuestra, por ejemplo, el oligopolio de las estaciones de televisión. Ahora, con Internet, la multitud de medios abarca todos los medios. Las nuevas formas de comunicación disuelven las viejas estructuras. Un resultado de esta transformación revolucionaria es que se acabó la restricción informativa. El acceso y la distribución de la información enfrentan pocas barreras mientras prevalezcan las libertades básicas.

Esta nueva revolución mediática tiene un lado técnico y otro sociopolítico. En el pasado, la tecnología sirvió como instrumento de exclusión, ahora puede servir como medio de inclusión. Los tiempos de transición son turbulentos, y lo mismo ocurre con los nuevos medios. Sin embargo, mucho de lo que ahora parece peligroso, como la aparente ausencia de filtros informativos y del llamado control de calidad, en el futuro parecerá tan intrascendente como lo es ahora con el *Index* de libros prohibidos del pasado y el 'Imprimatur' de la Iglesia Católica.

La actual revolución informativa con Internet en el centro trabaja a favor de la libertad. A diferencia del pasado, cuando los medios servían a grupos específicos para imponer su voluntad al resto de la sociedad, la revolución de Internet hace todo lo contrario. En lugar de ser instrumental para un grupo limitado en sus esfuerzos por mantener su dominio, Internet desafiará la concentración de poder. En este sentido, la revolución actual es una revolución libertaria. Su primer logro es disolver posiciones de poder. Este proceso ya está en pleno apogeo.

Hace tan sólo unas décadas la difusión de información resultaba costosa. Se necesitaba, por ejemplo, una emisora de radio o televisión, o lanzar una revista o un periódico. Hoy en día, Internet permite el almacenamiento y la difusión mundial de ideas a costes negligentes. Las viejas barreras se están desmoronando. En consecuencia, ya no existe ninguna limitación en cuanto a la variedad de temas a tratar. Antes de la revolución de la información, los proveedores –ya fueran canales de noticias, revistas académicas o librerías– se veían obligados a centrar su oferta en la mitad de la curva de distribución para llegar a la mayoría de los clientes. Debido al espacio limitado, la oferta se extiende a las colas largas de la distribución.

Con la revolución de Internet, los costos de difusión de nuevas ideas se han reducido a casi cero. Asimismo, el acceso a la información se ha vuelto casi gratuito. La consecuencia es un aumento de la masa de información junto con su diversificación. Este fenómeno abarca desde la música hasta los textos académicos. La masa y la diversidad son las características distintivas de la red mundial. En el pasado, siempre ha habido un equilibrio entre distribución y diversidad. Para mantener un tabloide de amplia circulación, por ejemplo, el contenido tenía que centrarse en los temas más populares. Ahora, libres de guardianes y con espacio ilimitado, los temas especiales encuentran un mercado.

En el pasado, el poder estaba concentrado en manos de los guardianes. Los guardias decidían qué era «correcto» y qué era «falso», qué publicar y qué no. El sistema de guardianes incluía a los editores de las estaciones de televisión y de los periódicos, los árbitros de las revistas científicas y los tomadores de decisiones en los ministerios de educación junto con todas las demás «autoridades» cuya tarea era cuidar de la «verdad», que en su mayor parte no era más que ocultar las verdades al público por intereses de poder y por prejuicios.

Ahora, sin guardianes y con un espacio disponible casi ilimitado, la diversidad se está extendiendo en los nuevos medios y corresponde al usuario individual juzgar el contenido y decidir si vale la pena acceder. En el pasado, los guardianes de los medios ejercieron su poder de oficio como una actividad autoritaria. Al reclamar este papel, el argumento era mantener 'estándares de calidad', pero esto fue un pretexto dado que el impedimento era el espacio limitado que hacía indispensable una proyección. A diferencia de una plataforma electrónica de libros, los edificios tradicionales de la biblioteca tienen un espacio limitado. Los medios modernos eliminan estas restricciones y flexibilizan el tiempo de acceso. El nuevo mundo de la información se ha convertido en un mundo sin grandes barreras donde la heterogeneidad prima sobre la homogeneidad.

HACIA EL NUEVO MUNDO
DE LA LIBERTAD

La era oligopólica de la historia moderna está llegando a su fin. El dominio de unos pocos está llegando a su fin. Cuando las barreras son bajas y casi inexistentes, la supremacía está menguando. Sin embargo, las viejas autoridades todavía buscan mantener y recuperar sus privilegios informativos. Sin embargo, cuando algunos gobiernos apagan Internet o limitan el acceso, socavan su legitimidad y destruyen la productividad de sus economías. Los gobiernos que abandonen la red mundial de información y aíslen a sus ciudadanos empujarán a sus países a un abismo económico y no podrán mantener su dominio. Los sistemas políticos cerrados son capaces de copiar tecnologías establecidas, pero tienen dificultades para desarrollar nuevas tecnologías.

En el momento en que caen las barreras a la distribución de información y opiniones inconformistas, los costos de mantener las instituciones establecidas van en aumento. Las escuelas, universidades, hospitales y medios de comunicación, además de mantener los gastos de bienestar-guerra, se enfrentan a una avalancha de costos que arruinará a aquellos estados que intenten seguir como en el pasado. El Estado tal como lo conocemos desaparecerá. De una forma u otra: ya sea por transformación voluntaria o por colapso financiero. La pregunta es si el viejo orden se derrumbará con sangre y lágrimas o si dará paso pacíficamente a una nueva libertad.

Las bases de la nueva revolución de la información son firmes. A diferencia del pasado, esta vez los fundamentos promueven la libertad y la diversificación. Ha llegado la era del auténtico liberalismo. Mientras que en el pasado los medios favorecían regímenes autoritarios y totalitarios porque tanto la prensa como la radio y la televisión permitían un control jerárquico, la red global de información favorece el libre acceso y distribución a escala global. Esta constelación limitará y hará imposible la instalación y el mantenimiento de regímenes totalitarios. Es difícil implementar controles estrictos sobre los medios de comunicación. Hay muchas posibilidades de que la nueva época de la historia mundial se convierta en una era de libertarismo. El libertarismo como filosofía política no tiene, por su propia naturaleza, el objetivo de dominación por exclusión como lo tienen todas las demás ideologías políticas. El libertarismo promueve el pluralismo, la diversificación y la inclusión. En este sentido, los nuevos medios e Internet son compatibles con la filosofía política libertaria. Esta novedad representa una singularidad histórica.

Aunque los riesgos de que surja pronto un régimen totalitario global puedan parecer pequeños, hay que tenerlos en cuenta y responder con argumentos firmes a favor de una revolución libertaria. Quitarle poder al Estado es una necesidad moral frente a la perspectiva de que las nuevas tecnologías pondrían en manos del Estado un arsenal de vigilancia y control tan inmenso que un futuro régimen totalitario podría ejercer un control total sobre el individuo y producir el terror más extremo. Por tanto, establecer un orden anarcocapitalista es una cuestión de dignidad humana.

Lo que hay que hacer como pasos prácticos para establecer un nuevo orden de libertad es, primero, un cambio del sistema de selección de los representantes a través de una lotería, llamada «demarquía» o sorteo.

SORTEO (DEMARQUÍA)

El 'sorteo' -también llamada 'demarquía'- es una forma de gobierno que selecciona a los representantes del pueblo como una muestra aleatoria de un grupo de candidatos. La gobernanza mediante la selección de los representantes del pueblo mediante lotería en lugar de elecciones puede tener una historia venerable. Para Aristóteles (384 - 322 a. C.), seleccionar a los representantes políticos del pueblo por sorteo en lugar de votar distingue la democracia del gobierno oligárquico: «Así que es... democrático ocupar los cargos por sorteo, y para la oligarquía por voto» (Aristóteles, Política, IV, 9, 1294b 7-9). Asimismo, para Montesquieu (1689-1755) el procedimiento de lotería corresponde a la 'naturaleza de la democracia' ('El espíritu de las leyes' - 1748).

En la antigua polis griega, tanto para el «Gran Consejo de los 500», como para los jueces y algunos funcionarios del Estado, la selección se hacía por sorteo, como todavía ocurre en parte en Suiza. En la República de Venecia, el procedimiento de selección del gobierno y sus miembros utilizaba la lotería de muchas maneras. Hasta el siglo XVII, Inglaterra también practicó el sistema de lotería. Hoy en día, la tecnología moderna ofrece la posibilidad de aplicar procedimientos de selección aleatoria a grandes poblaciones.

Las siguientes ventajas de la demarquía son evidentes:

— Alto grado de legitimidad popular.
— Independencia de los representantes.

— Ausencia de corrupción.

— Sin partidos políticos.

— Representación por gente normal en lugar de buscadores de poder político.

— Eliminación de los costes de las campañas electorales.

— Reducción del coste global del aparato político.

— Leyes comprensibles.

— Fin de la inflación de leyes, normas y reglamentos.

— Minimización del Estado (menos gasto público, menores impuestos).

Los críticos de la demarquia afirman que un parlamento, cuyos miembros son seleccionados al azar, tiene menos experiencia que un parlamento electo, y que esto aumentaría el poder de la burocracia. La verdad, sin embargo, es que el conocimiento específico que ahora está presente en las asambleas existe en saber cómo ganar y ejercer el poder, y falta competencia apolítica. Aún más, el actual sistema de partidos políticos ha dado lugar a una enorme burocracia y a un aumento masivo del poder del aparato estatal. Los partidos políticos y el aparato burocrático cooperan para maximizar su poder, que logran teniendo más Estado, no menos.

* * *

El esquema izquierda-derecha para indicar la propia posición en el espectro político es un recurso peligroso. Limitar el espectro político a «izquierda» y «derecha» engaña por su simplicidad. Deja una gran zona abierta en el centro, arriba y abajo.

Una distinción mejor que la de «izquierda» y «derecha» es la de «autoritario» y «libertario».

Para la filosofía libertaria, la propiedad de uno mismo es un derecho natural. Implica el derecho a estar libre de agresión por parte de otros, incluido el Estado. Para los libertarios, «libertad» no significa que uno pueda hacer lo que quiera, sino que cada individuo como persona es dueño de sí mismo y tiene el derecho natural de estar libre de agresión. En consecuencia, toda interacción social legítima debe ser voluntaria. El vínculo social que mantiene unidos a los individuos es la reciprocidad, ya sea en forma de intercambio económico o mediante amistad, amor y simpatía.

La posición libertaria no es ni de izquierda ni de derecha ni centrista. Va más allá del credo «liberal» y «conservador» al oponerse al autoritarismo. El libertarismo también descarta la distinción entre libertad personal y económica porque la libertad económica es indispensable para la libertad personal y no hay libertad económica sin libertad personal.

SORTEO (DEMARQUÍA) EN EL SISTEMA DE GOBIERNO

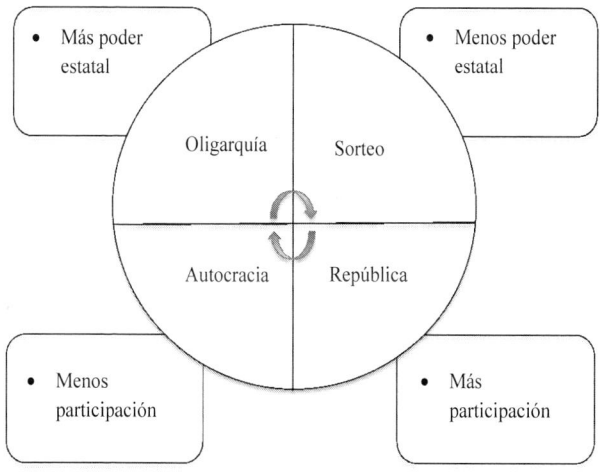

En este esquema, la clasificación en la esquina superior derecha representa el grado más alto de participación popular junto con el grado más bajo de poder estatal.

En términos de grados de participación del pueblo y extensión del poder estatal, la «demarquía» es el sistema de gobierno que representa el nivel más alto de participación con el menor poder estatal (segmento superior derecho).

Un sistema de elecciones de partidos políticos es una oligarquía y, por lo tanto, aunque permite una participación popular limitada, tiene un alcance mucho mayor de poder estatal que el sorteo.

La monarquía y la autocracia tienen menos participación que la oligarquía y el sorteo.

La autocracia tiene la menor participación combinada con el mayor grado de poder estatal.

ESTRUCTURA DE GOBERNANZA

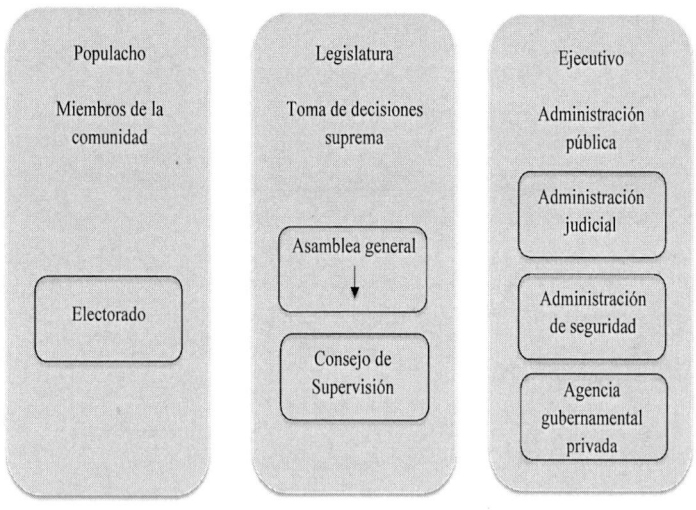

AGENDA

La revolución libertaria es una revolución suave y sin violencia. Esto es y marcará la gran diferencia entre el orden anarcocapitalista y todas las demás formas de gobierno. Para que la revolución libertaria tenga éxito, no es necesario «tomar el poder», sino conquistar al público mediante la persuasión.

PASOS EN EL CAMINO A LA DEMARQUÍA
A.

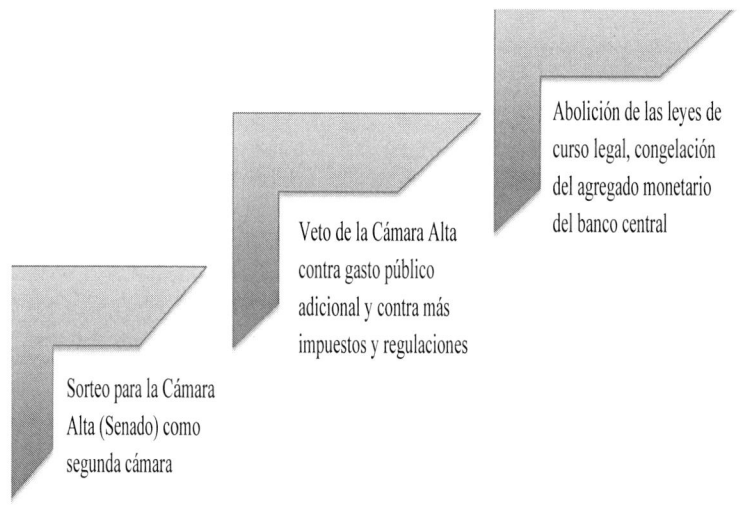

Abolición de las leyes de curso legal, congelación del agregado monetario del banco central

Veto de la Cámara Alta contra gasto público adicional y contra más impuestos y regulaciones

Sorteo para la Cámara Alta (Senado) como segunda cámara

B.

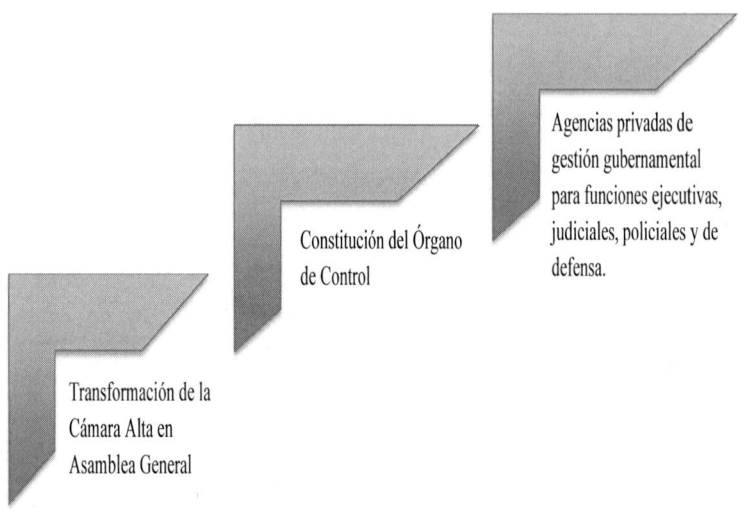

Agencias privadas de gestión gubernamental para funciones ejecutivas, judiciales, policiales y de defensa.

Constitución del Órgano de Control

Transformación de la Cámara Alta en Asamblea General

I.

Instalación de una 'cámara del Senado' con miembros seleccionados por sorteo.

II.

El Senado ejerce su poder de veto para detener el Estado, la política y la burocracia.

III.

Reforma del sistema de votación existente. Establecimiento de un cuerpo legislativo en forma de Asamblea General compuesta por representantes seleccionados por sorteo.

IV.

Reforma de la estructura estatal con la incorporación de un Órgano de Supervisión y un Poder Ejecutivo a la Asamblea General.

Una vez que exista el apoyo público para cambiar la estructura de la democracia de partidos, el primer paso sería complementar el sistema actual con una cámara adicional. En esta cámara –una especie de 'Senado'– los miembros elegidos por sorteo tendrían derechos de veto sobre las decisiones tomadas por el parlamento (Congreso) y el gobierno (presidencia), incluido el poder judicial (Tribunal Supremo). Ese «cuarto poder» es la «voz del pueblo». Aunque todavía no es un gobierno ni un legislador, el «Senado», compuesto por miembros elegidos por sorteo, tiene el derecho de detener las intrusiones del gobierno y de la burocracia estatal debido al poder de veto que ostenta.

El siguiente paso sería crear una «Asamblea General» que sirva como principal organismo legislativo. La Asamblea debe ser lo suficientemente grande para representar al pueblo. Para ello, debe estar integrado por personas seleccionadas aleatoriamente entre los electores. El establecimiento de la Asamblea General requiere una reforma de las leyes electorales. Para lograr esto, los libertarios deben obtener una mayoría en el parlamento existente (Congreso). El paso final en la reforma de la estructura estatal es agregar un órgano de supervisión y un poder ejecutivo de la Asamblea.

El entorno institucional resultante incluiría tres órganos: la Asamblea General como representante del pueblo y principal legislador, el Órgano de Supervisión como comité especial para supervisar el poder ejecutivo que gestiona los asuntos actuales del sistema político.

La composición de la Asamblea General resulta de una selección por sorteo según el principio de «un ciudadano, un lote». Esta asamblea legislativa debe ser lo suficientemente grande como para proporcionar una muestra representativa del pueblo. Una cuarta parte de la Asamblea deberá cambiar de forma rotativa, cada seis meses, de modo que cada miembro seleccionado tenga un puesto durante veinticuatro meses. La Asamblea General es el órgano supremo para promulgar las leyes. Elige entre sí un organismo de supervisión que seleccionará al gobierno. El órgano de Supervisión puede invitar, con el consentimiento de la Asamblea, a personas calificadas del exterior para que presten servicios en el poder ejecutivo.

La composición de la Asamblea General como principal órgano legislativo es el resultado de una selección aleatoria de conformidad con el principio del sufragio universal. La Asamblea General debe ser lo suficientemente grande como para proporcionar una muestra representativa del electorado. Estadísticamente, por ejemplo, un número de personas que caben en una gran sala de conciertos es suficiente para representar una población desde cinco millones en adelante hasta varios cientos de millones con un margen de error aceptable y un alto nivel de confianza, de modo que también los países muy poblados podrían tener una demarcación, aunque lo ideal serían los países pequeños.

Un cuarto de la Asamblea cambia de forma rotativa cada seis meses, de modo que cada miembro seleccionado tendrá un asiento por dos años. Cada seis meses ingresa una cuarta parte del tamaño de la Asamblea, mientras que una cuarta parte sale después de haber servido durante dos años en la Asamblea.

La circunscripción como conjunto de ciudadanos que tienen derecho a participar en el sorteo debe ser amplia. Se puede dejar abierto al debate y a la situación individual de un país en cuanto a su tamaño y heterogeneidad, si los miembros de la circunscripción son los mismos para las elecciones generales o deberían ser más restrictivos e incluir sólo a aquellas personas que se registran como candidatos y que cumplan con criterios específicos. Dado que la demarcación también sirve para seleccionar a los representantes a nivel de los estados individuales de una federación y de los municipios, hay un amplio margen para experimentar con diferentes esquemas.

La Asamblea General y el Ejecutivo

Como el servicio en la Asamblea General es por 24 meses, cada seis meses sale una cuarta parte de los miembros, mientras que un nuevo grupo del mismo tamaño ingresa como nuevos miembros de la Asamblea. Antes de la entrada de un nuevo grupo, una cuarta parte de la Asamblea habría cumplido a esta altura 24 meses, una cuarta parte 18 meses, una cuarta parte 12 y una cuarta y una cuarta más habría cumplido seis meses.

Después de cada nueva selección, la Asamblea queda formada por cuatro grupos y los nuevos miembros tienen 24 meses para servir, mientras que al grupo que saldrá le faltan seis meses más. En términos de tiempo de servicio, la Asamblea se compone de cuatro grupos después de una nueva selección, siendo el nuevo grupo con cero meses de servicio y el grupo con más años de servicio con 18 meses de membresía.

Rotación en la Asamblea

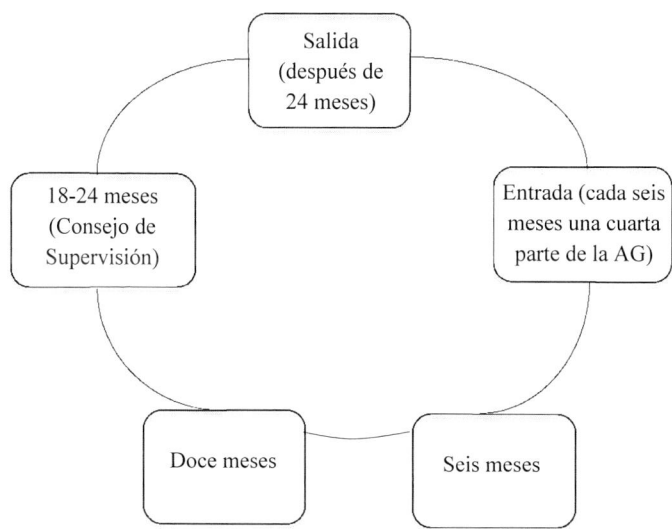

La Asamblea General es el órgano supremo para promulgar las leyes. Elige entre sí un organismo de control que nombrará al gobierno. El órgano de control existe entre el grupo de los miembros más antiguos de la Asamblea General, es decir, el grupo que saldrá dentro de seis meses para volver a la vida civil. El órgano de Supervisión contratará, con el consentimiento de la Asamblea, personas externas calificadas para desempeñar el cargo de Ejecutivo.

El órgano de Supervisión de la Asamblea General supervisa y controla las actividades del Ejecutivo. El organismo de supervisión contrata a una empresa de gestión gubernamental privada para que actúe como Ejecutivo. Como ha sido el caso con la policía privada y el arbitraje, las empresas privadas de gestión gubernamental surgirán bajo un orden libertario. Estas empresas gubernamentales privadas ofrecerán sus servicios primero a nivel comunitario y municipal, desde donde las mejores empresas se expandirán al estado y al nivel de las uniones de estados.

ESTRUCTURA DEL SORTEO

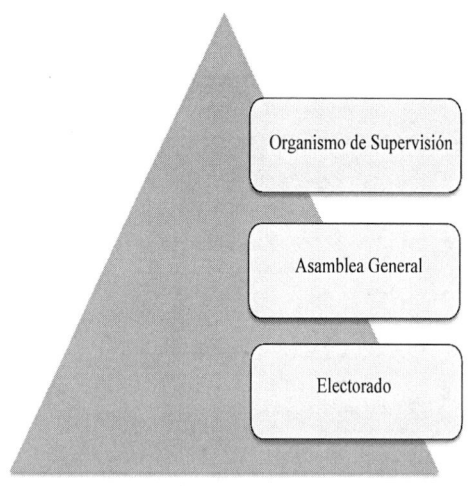

Organismo de Supervisión

Asamblea General

Electorado

El personal de estas gestoras privadas gubernamentales estará compuesto por profesionales que, a diferencia de los gobiernos del pasado, prestarán su servicio bajo estricta supervisión de la Asamblea. Las empresas de gestión gubernamental privada emplearán profesionales de pleno derecho. Su servicio será más barato y mejor que el de los gobiernos reclutados entre partidos políticos. Además, durante la privatización se necesitará mucho menos personal que los servicios públicos actuales, no sólo porque las empresas son privadas y, por tanto, más eficientes, sino también porque bajo un orden libertario el alcance de las actividades estatales se reducirá drásticamente. La ley y el orden se mantendrán a menores costos y con menos usurpación de las libertades personales.

Cuando una comunidad establece una cámara, cuyos miembros son seleccionados por sorteo como complemento a la estructura de gobierno existente, la 'cámara del Senado' debería usar su derecho de veto para detener todas las medidas que expandirían el Estado y su burocracia. Después de establecer la Asamblea General como el principal órgano legislativo, deben seguir medidas intermedias para reducir el Estado y su burocracia. A largo plazo, la tarea de establecer un orden anarcocapitalista requiere retirar el dinero estatal, detener el gasto gubernamental y eliminar todos los impuestos y contribuciones, además de eliminar las regulaciones públicas y el empleo público, y privatizar los tribunales, la fuerza policial y de defensa.

CRONOGRAMA DE LAS POLÍTICAS

Medidas inmediatas

- Poner fin a la expansión de la oferta monetaria
- Detener la expansión del gasto público
- Detener la subida de impuestos y contribuciones

- Detener las regulaciones públicas
- Deja de contratar empleados públicos

Medidas intermedias

- Abrir los mercados financieros para una banca libre
- Reducir el gasto gubernamental
- Recortar impuestos y contribuciones
- Reducir las regulaciones
- Disminución del empleo estatal

Medidas a largo plazo

- Remover el dinero estatal
- Erradicar el gasto gubernamental
- Eliminar impuestos
- Minimizar las regulaciones
- Minimizar el empleo estatal
- Privatizar los tribunales de justicia
- Privatizar las fuerzas de policía
- Privatizar la defensa
- Subcontratar el gobierno

POR QUÉ EL CAPITALISMO FUNCIONA Y EL SOCIALISMO NO

El capitalismo es un sistema en el que las ganancias llegan a quienes mejor saben satisfacer los deseos de los clientes. «Mejor» se refiere no sólo al precio sino también a la calidad, incluido el atractivo del producto para el comprador. En una economía socialista, ni siquiera un dictador benévolo podría proporcionar la combinación adecuada de bienes en términos de precio y calidad porque en el sistema socialista no hay precios de mercado. El socialismo elimina ambos: información e incentivos. Todos los agentes económicos, incluida la autoridad de planificación, operan en la oscuridad. Una economía de mercado, por el contrario, funciona como una máquina de procesamiento de datos que emite continuamente información sobre la escasez y el exceso.

En una economía de mercado, los precios relativos de los bienes sirven como guía para la acción económica. Las relaciones de precios muestran cómo combinar los factores de producción para satisfacer mejor las necesidades de los consumidores. Los precios relativos muestran lo que quieren los consumidores y guían el proceso de producción en esa dirección porque es de ahí de donde surgen las ganancias. La competencia proporciona incentivos para la rentabilidad, de modo que los consumidores reciban los bienes a los precios más bajos basándose en el mejor uso de los factores de producción.

En el capitalismo, los deseos de los clientes regulan la estructura general de las relaciones de precios. Las preferencias de los consumidores determinan también el valor de los bienes de inversión. Esta llamada «imputación» significa que el valor del producto final determina el valor de los bienes intermedios. Dado que el consumidor determina el valor del bien final, el ancla de la estructura de valor de toda la riqueza en una economía de mercado es el consumidor.

Bajo el capitalismo, no es una autoridad de planificación la que controla la estructura de producción, sino que son los consumidores los que deciden. La producción sigue los deseos de los consumidores. Controlan la economía porque sólo aquellos empresarios que obedecen las llamadas de sus clientes obtienen ganancias. Las empresas deben reestructurar la producción de acuerdo con los cambios de los deseos, necesidades y gustos de los compradores de sus productos.

Los socialistas suponen que para implantar su dominio en la economía todo lo que se necesita es socializar las empresas privadas, reemplazar la dirección e instalar consejos de trabajadores, y el nuevo orden económico florecerá. Los primeros socialistas esperaban que siguiera la abundancia, entre otras cosas porque ahora los trabajadores obtendrían lo que antes iba a manos de los capitalistas en forma de ganancias. Sin embargo, los socialistas ignoraron que la socialización de los medios de producción era sólo el comienzo. Fracasaron estrepitosamente en el manejo de la economía.

Los planificadores pueden saber qué tipo de tecnología requeriría una producción específica y pueden contar con la profesionalidad de los ingenieros para utilizar sus conocimientos. El error de la planificación económica socialista, sin embargo, es suponer que la gestión empresarial también podría continuar como antes después de que los operadores socialistas asuman la gestión capitalista. Si bien el régimen socialista puede formar administradores e ingenieros y poner a los miembros del partido en puestos de directores, estos nuevos líderes no pueden decidir en función de las escaseces relativas porque ya no existe un sistema de precios empresarial basado en la propiedad privada.

Muchos partidarios del socialismo suponen que la gestión empresarial no es más que una especie de registro o simple contabilidad. Vladimir Ilych Lenin (1870-1924), el líder revolucionario soviético, creía que el conocimiento de la lectura y la escritura, y cierta experiencia en el uso de las cuatro operaciones aritméticas básicas y cierta formación en contabilidad, serían suficientes para realizar operaciones comerciales. Los socialistas de entonces y ahora ignoran el problema económico fundamental, que consiste en determinar qué producir, para quién y cómo.

Los planificadores socialistas suponen que un plan puede estipular estas tres tareas e ignoran cómo y dónde debería encontrar tal plan sus estándares de valoración. Los socialistas suponen que se podría gestionar una economía compleja sin capitalistas ni empresarios. Cuando los precios y los mercados desaparecen, se pierde la orientación sobre qué factores de producción son más y cuáles menos escasos junto con la pérdida de conocimiento de los costos de los bienes utilizados en el proceso de producción.

La escasez hace que los bienes sean valiosos y los precios relativos lo demuestran en una economía de mercado. Al observar los precios, los participantes del mercado reciben información sobre la escasez y alinean sus decisiones económicas con las señales del mercado. Sin embargo, cuando no hay mercado, la información sobre la relación entre las necesidades de bienes y su oferta se desvanece. El sistema de precios informa sobre la escasez y la abundancia y permite decidir según los mejores intereses de cada uno. No hay necesidad de un sistema integral de información ya que los mercados permiten sopesar las ventajas y desventajas de las acciones económicas a través de precios relativos porque el sistema de precios reduce la complejidad para el tomador de decisiones individual al número único del precio. En una economía de mercado, los participantes económicos sólo necesitan un conocimiento parcial para actuar racionalmente.

En el socialismo, sin embargo, la propiedad privada de los medios de producción ya no existe y, por tanto, no existe un sistema de precios para los bienes de capital. Institucionalmente, el socialismo consiste en abolir la economía de mercado y reemplazarla por una economía planificada. Sin embargo, más allá de la pérdida de propiedad privada, el problema fundamental surge de la consecuencia de que, al eliminar la propiedad privada de los medios de producción, se borra la información. Incluso si la administración socialista pone precios a los bienes de consumo y la gente puede poseer bienes de consumo de forma privada, no existe una orientación económica sobre la relativa escasez de bienes de capital. Debido a que el sistema socialista elimina la propiedad privada de los bienes de producción y elimina el papel del empresario, no hay mercados.

La economía socialista no sirve a los consumidores. El punto de referencia para una gestión adecuada es ejecutar las órdenes, al igual que en el ejército. El cumplimiento de los planes se refiere al nivel respectivo en la jerarquía de la orden de mando, no al consumidor. Incluso si, por ejemplo, el plan central estipulara producir una cierta cantidad de un bien y que el pedido fuera a las respectivas fábricas, surge la pregunta de cómo diseñar y mediante qué combinación de factores de producción se debe realizarse la fabricación. Cualquier producción se enfrenta al problema de que existe un número casi ilimitado de formas de producir un bien. Se puede fabricar un bien con materias primas, tecnologías y combinaciones de factores de producción muy diferentes y en una variedad infinita de diseños.

Antes de poder considerar sistemáticamente los aspectos de las viabilidades tecnológicas, es necesario aplicar principios económicos: el cálculo de la rentabilidad potencial de producir un bien. Sin costes en relación a las ventas, una evaluación técnica no tiene sentido. Lo que es técnicamente posible no es económicamente recomendable, y lo que parece eficiente desde un punto de vista técnico no tiene por qué serlo en términos de conveniencia económica. Al excluir los costos, la producción socialista está ciega al riesgo de producir bienes que costarían más de lo que valen.

¿Quién determina el valor? En una economía de mercado, es el cliente y, en última instancia, el consumidor. En la economía de planificación central, corresponde a los planificadores determinar el valor. Sin embargo, esto no lo pueden lograr porque las preferencias y las tecnologías cambian, y la complejidad de la relación entre los bienes excede la capacidad de comprensión de cualquier mente o de un comité de planificación.

El socialismo adolece de cuatro defectos fundamentales. Cada uno de ellos por sí solo hace que el socialismo ya sea inoperante. Juntos multiplican el efecto.

Primero, el socialismo erradica la propiedad privada y los mercados y, por tanto, elimina el cálculo racional.

En segundo lugar, el socialismo permite presupuestos blandos, por lo que no existe ningún mecanismo para descartar métodos de producción ineficientes.

En tercer lugar, abolir la propiedad privada y reemplazarla por el Estado promueve incentivos distorsionados.

Cuarto, el sistema socialista con su ausencia de propiedad privada y de mercados libres inhibe la coordinación económica del sistema de división del trabajo y del capital.

Socialismo significa ceguera económica. La información se pierde junto con el incentivo para actuar de acuerdo con las señales de los precios. En el capitalismo, las motivaciones de obtener ganancias y evitar costos funcionan como un incentivo para comportarse racionalmente. En una economía de mercado, los precios cumplen la doble función de informar e incentivar al vendedor y al comprador.

No es de extrañar que incluso un capitalismo degenerado produzca más prosperidad que el mejor socialismo. Por lo tanto,

137

la tarea que tenemos por delante no puede ser eliminar el capitalismo en favor del socialismo, sino mejorarlo, lo que significa hacerlo más capitalista.

PERSPECTIVA

Si bien el siglo pasado experimentó una profunda transformación en la industria manufacturera, ahora la tecnología está revolucionando el sector de servicios. Los profesionales –desde médicos hasta abogados, desde educadores hasta administradores públicos– enfrentarán difíciles desafíos. La transformación ya está en marcha. Muchos empleos aparentemente seguros desaparecerán. Los robots y la inteligencia artificial hacen que las tareas complejas no sólo sean más baratas, sino que también funcionen mejor. Las nuevas tecnologías entran en las asesorías, en los despachos de abogados, en las aulas y en los hospitales. Con un clic, en segundos aparecen en la pantalla mejores diagnósticos que los que los humanos podrían ofrecer, ya sea una evaluación médica o el análisis de un problema legal. Las máquinas están reemplazando incluso ocupaciones sofisticadas. ¿Qué depara el futuro para los empleos, las habilidades y los salarios? ¿Qué significa esto para el futuro del capitalismo? ¿Qué tipo de sistema económico es mejor para afrontar el desafío?

En el siglo XIX se le podía decir al granjero que fuera a la ciudad y aprendiera un oficio. En el siglo XX, se le podría decir al joven o a la muchacha que sigan adelante y se pongan a estudiar. Todos estos fueron buenos consejos. Sin embargo, en el nuevo milenio no hay ningún lugar hacia donde ascender. El paso de la agricultura a la industria y de la industria a los servicios ha terminado. Ahora, ir a la universidad y obtener un título ya no es garantía de un trabajo seguro y bien remunerado. Los puestos profesionales son víctimas de la automatización y del ataque de la inteligencia artificial. Los brotes de la escalera están ocupados. Para que uno suba, otro debe bajar. La movilidad ascendente es una hazaña del pasado.

¿Dónde está la salida? La promesa de «empleos, empleos, empleos» será en vano. Cuanto más intenta el Estado hacer que los empleos estén disponibles y las posiciones sean más seguras, más disminuye la productividad y caen los ingresos. El nuevo milenio necesita un enfoque diferente. La respuesta es adoptar plenamente la tecnología. Cuanto más se conviertan las nuevas tecnologías en un complemento del trabajo humano, mayor será la productividad. La urgencia de tener un puesto fijo como trabajador por cuenta ajena retrocede. El uso del coche como chófer y el alquiler de la propia casa o apartamento a viajeros son ejemplos de lo que vendrá.

Una condición necesaria para el aumento de la productividad es menos Estado y el fin de la política. Menos Estado y menos política liberarían al ciudadano de la pesada carga que ahora enfrenta. La productividad aumentaría a medida que el Estado desapareciera. El individuo se libera de ambos lados. Por un lado, cae la carga de impuestos y contribuciones. Por otro lado, las ganancias de productividad reducen los costos de vida.

La actual trampa del 'todo o nada' ('o Yale o la cárcel') desaparecería. Ahora bien, si uno tiene un trabajo profesional, su situación material está bien. Sin embargo, cuando uno pierde esta posición, la caída es enorme. Necesitamos un sistema que evite esta dicotomía. Un orden anarcocapitalista reduciría la carga de los impuestos y las contribuciones. El capitalismo libre abriría el camino hacia enormes ganancias de productividad. Entonces, la urgencia de tener una posición remunerada permanente disminuiría. Se puede vivir bien incluso sin tener un trabajo seguro porque la productividad es tan alta que incluso los trabajos temporales ofrecen un salario lo suficientemente alto como para mantener una buena vida. La tecnología que elimina los empleos es la misma que proporciona las herramientas que reducen los costos de vida y hacen atractivo el tiempo libre.

Hoy en día hay muchas parejas de profesionales que trabajan ambos porque se necesitan dos ingresos para salir adelante. Muchos estarían contentos de tener un solo sostén de familia si pudieran mantener su nivel de vida. El capitalismo libre ofrecería tales oportunidades porque los impuestos y las contribuciones se reducirían a una décima parte del nivel actual y los bienes costarían menos de la mitad de sus precios actuales con ingresos varias veces superiores a los actuales.

Nuestro actual sistema económico, político y judicial no está preparado para el desafío del futuro. Lo mismo ocurrió hace más de cien años, a principios del siglo XX. Luego, se tomaron muchas decisiones equivocadas hasta que tomó forma y fue aceptado un sistema que podía adaptarse a los cambios tecnológicos y las transformaciones económicas. Sin embargo, ahora se avecinan nuevas tribulaciones que hacen obsoleto el sistema «liberal» –socialdemócrata–dominante.

Surgirá una resistencia, como la que surgió entre los artesanos y los trabajadores a domicilio al comienzo de la revolución industrial. Los trabajadores temían que con la introducción de las nuevas máquinas perderían su existencia económica y serían condenados a la pobreza y la miseria. Sin embargo, no tuvieron ninguna posibilidad. Y bien para ellos, porque gracias a la revolución industrial, la clase trabajadora experimentó un nivel de prosperidad en los dos siglos siguientes que era inimaginable en el momento en que despegó la revolución industrial.

El proteccionismo, el intervencionismo, el imperialismo, el comunismo y el fascismo fueron las muchas respuestas equivocadas en el pasado. Muchos creen ahora que la versión socialdemócrata del capitalismo sería el sistema adecuado para el nuevo milenio. Sin embargo, este no es el caso. No es exagerado predecir que, si continuamos por el camino socialdemócrata, el final sería la quiebra del Estado. Los análisis serios deben concluir que la seguridad social y el complejo de bienestar de la salud, la educación, las pensiones y la asistencia social han fracasado. El sistema legal está en ruinas. Asimismo, la expectativa de que la gestión política de la economía pueda garantizar el empleo, el crecimiento económico y la estabilidad financiera es ilusoria. Intentar mantener, reformar y ampliar el sistema actual conducirá a lo contrario de las promesas «liberales».

Sin un cambio en el sistema de seguridad social, los costes sanitarios por sí solos absorberán más de una cuarta parte de los ingresos brutos. Las provisiones para pensiones requerirían otra cuarta parte de los ingresos. En unas pocas décadas, el contribuyente común deberá afrontar contribuciones obligatorias que superan la mitad de sus ingresos para pagar únicamente la seguridad y el bienestar social. Además de estas contribuciones, el gobierno tendría que exigir otro tercio de los ingresos en forma de impuestos para financiar la defensa y otras partes del aparato estatal. Semejante carga es imposible de soportar. Casi nada quedaría para uso privado. Antes de que estas proyecciones puedan convertirse en realidad, la economía colapsaría. La gente se negaría a trabajar, las empresas dejarían de invertir y la nación quedaría en quiebra.

Por lo tanto, el desafío persiste: en las próximas décadas, los jóvenes ya no podrán esperar tener altos ingresos sólo porque obtengan un diploma universitario. Muchas carreras con empleo seguro en profesiones establecidas desaparecerán o experimentarán profundas transformaciones. El horror actual del desempleo o de no encontrar el trabajo adecuado proviene de no poder soportar los altos costos de la educación, la atención médica, la vivienda, la seguridad pública y la jubilación sin un ingreso alto y permanente.

Necesitamos un nuevo orden. Las reparaciones de la estructura existente no son suficientes. Así como no tenía sentido mejorar el carruaje de caballos para competir con el automóvil, es un esfuerzo inútil mejorar el sistema político actual y hacer que el sistema de seguridad social sea más eficaz y la economía más eficiente.

Necesitamos dar un giro. En lugar de hacer que el sistema actual sea más socialdemócrata, necesitamos una revolución libertaria. En lugar de hacer que el capitalismo sea más socialista, necesitamos un capitalismo más capitalista.

Una economía libre en una sociedad libre requiere tres cambios institucionales importantes. Primero, la selección del órgano representativo de la sociedad mediante un proceso de selección aleatoria;

segundo, un sistema monetario privado para sustituir a los bancos centrales;

tercero, la provisión de ley y seguridad por parte de proveedores privados.

Establecer un «socialismo mejorado», como es el objetivo del esquema globalista de un gobierno mundial, sería aún más mortífero que el socialismo del siglo XX. Sin embargo, tampoco las formas más suaves de socialismo y fascismo, tal como se practican como intervencionismo, no representan ninguna alternativa valiosa. Del mismo modo, no tiene sentido esperar que el gobierno pueda gestionar la economía y proporcionar estabilidad y crecimiento económico para que todos puedan tener un trabajo seguro y bien remunerado.

Lo que necesitamos es un nuevo orden político y económico, un orden que no diluya el capitalismo con el socialismo, sino un capitalismo libre de sus mezclas socialistas. Cuanto más se alejara el Estado de la vida privada, menor sería la carga de los impuestos. Los actuales esquemas de atención médica, educación, pensiones, servicios legales, vivienda y bienestar –por no hablar de defensa– no sólo son ineficientes sino también costosos más allá de las necesidades. En estas áreas, las nuevas tecnologías ofrecen amplias alternativas que eliminarían las tontas campañas electorales. La clasificación detendría la cultura política de un mayor gasto público.

143

Si continuamos con el sistema actual, el Estado crecerá cada vez más. Con el tamaño cada vez mayor del Estado, los gobiernos se volverán más poderosos. Sin detenerse, la actual llamada «democracia liberal» se transmutará en un nuevo totalitarismo.

El gran debate no es sólo sobre el empleo, sino aún más sobre cómo podemos mantener la libertad humana frente a las nuevas tecnologías. En el nuevo milenio, la desaparición del Estado es una condición necesaria para la libertad. Si fracasamos, el destino de la humanidad será una era de esclavitud. Si lo logramos, podremos dar la bienvenida a una nueva era de libertad y prosperidad. El pleno empleo es un sueño del pasado. Asimismo, es una esperanza vacía que el gobierno pueda hacer algo al respecto. El empleo garantizado sólo repetiría los errores del socialismo. El intervencionismo y la gestión macroeconómica que deberían proporcionar empleo, crecimiento y estabilidad financiera ya no funcionan. Peor aún: cuantas más tareas, responsabilidades y derechos asignemos al gobierno, más totalitario se volverá el Estado. Con la tecnología moderna a mano, el Estado del nuevo milenio obtendría todas las herramientas necesarias para establecer un régimen de represión integral sin que quede rastro de libertad y dignidad humanas.

La esperanza para la nueva época no es menos sino más capitalismo. Cuanto más complejas se han vuelto la sociedad y la economía, más se necesitan los mercados como instrumento de coordinación y de iniciativa privada.

El capitalismo libre proporciona lo esencial para la prosperidad y la libertad: una coordinación eficiente de los planes individuales basada en el intercambio voluntario y la alta productividad.

Las próximas décadas experimentarán una profunda transformación en áreas como el derecho, la medicina, la educación y la administración pública, campos de actividad en los que muchos profesionales con formación universitaria han encontrado puestos estables y bien remunerados. En las próximas décadas, muchos de los empleos que parecen seguros desaparecerán o sufrirán transformaciones drásticas. Es inútil esperar que un título universitario sea suficiente para garantizar un puesto estable y bien remunerado. Una gran ola de sustitución de mano de obra por máquinas, que se produjo en el siglo XIX en la agricultura y en el siglo XX en la industria manufacturera, se producirá ahora en el sector de servicios, incluidos los servicios de alto nivel.

El actual sistema de capitalismo gestionado es incapaz de hacer frente a los desafíos de la nueva era. La solución no es más gobierno, sino más productividad, y para lograr una mayor productividad necesitamos menos Estado y menos política.

Para hacer frente al desafío del empleo precario, será útil una reducción drástica del coste de vida. Este objetivo requiere productividad, y sólo el capitalismo libre puede generar eficiencia económica. Debemos abrazar el progreso tecnológico en todas sus formas porque así aumentará la productividad. La productividad no es el problema, es la solución. El problema es el coste del Estado y los efectos perjudiciales de la actividad gubernamental.

Junto con las preocupaciones sobre cómo conseguir empleo, acecha un peligro aún más oscuro. Si no abolimos el Estado y la política a tiempo, las nuevas tecnologías se convertirán en horrendos instrumentos de control del totalitarismo en manos de los gobiernos. Cuanto más grande sea el Estado y más poderoso el gobierno, mayor será la amenaza. Debemos disminuir el poder del Estado y reducir la política para recuperar y mantener nuestra libertad.

Minimizar y eliminar al Estado es una misión urgente porque de lo contrario, la tecnología moderna pondría terribles instrumentos de control en manos del gobierno. Con los nuevos dispositivos técnicos de supervisión y dominación, un estado totalitario moderno podría reemplazar el terror y la represión de cualquier cosa en la historia. El Estado no sólo es superfluo y un peligro para la libertad humana, sino que se ha convertido en una amenaza para la existencia humana.

La sociedad es un sistema de coordinación. La coordinación puede ser vertical u horizontal: ya sea como una jerarquía de comandos y sanciones violentas o como intercambio y cooperación voluntarios. De todos los procedimientos de coordinación conocidos, los mercados funcionan mejor. No existe ningún otro sistema de producción más allá del capitalismo libre que pueda igualar la alta productividad del capitalismo puro.

El sistema político actual no es una democracia sino una política de partidos; la economía no es una economía de libre mercado, sino que sufre de intervención y gestión estatal. Para ser libres y prósperos, esto debe cambiar.

Como detalla el libro, necesitamos una reducción radical del Estado y su burocracia. La participación del Estado en aproximadamente el cincuenta por ciento de la producción total es demasiado alta. La deuda pública está creciendo y llevando a la nación hacia la bancarrota. El pueblo debe soportar cargas inmensas en impuestos y contribuciones. Para resolver el dilema, los costos de vida deben bajar. Este objetivo requiere productividad, y sólo el capitalismo libre puede generar eficiencia económica.

La cuestión no es tener más empleos, sino tener un sistema en el que uno no tenga que preocuparse por los empleos porque la urgencia de tener uno no es tan grande como lo es ahora. Con la enorme carga de costos actual, tener un puesto estable y bien remunerado es una necesidad para tener una buena vida. Bajo un capitalismo libre, esto cambiaría. La productividad sería tan alta que los costos de vida serían bajos. Habrá empleos de alto nivel disponibles y bien pagados, pero aquellos con una situación laboral precaria no deben preocuparse porque también pueden tener una buena vida, incluido el entretenimiento, que gracias a las nuevas tecnologías es casi gratuito. Se producirían reducciones drásticas de costos en medicina, educación y administración pública. Otros artículos de gran coste, como los transportes, también bajarían de precio. Sobre todo, una vez que el Estado y la política desaparezcan o al menos se reduzcan al mínimo, la amenaza de un terrorismo de Estado represivo se disipará.

La organización de la política como un sistema de partidos políticos en competencia es un obstáculo en el camino hacia el nuevo sistema. La democracia moderna es política de partidos. Los candidatos ganan con falsas promesas. El estado se expande sin entregar mejores servicios.

El sorteo, la selección del representante del pueblo por sorteo, acabaría con el sistema derrochador y dañino de la política de partidos. Elegir el cuerpo legislativo no por votación sino por casualidad marcaría el comienzo de una nueva era y marcaría el alejamiento del gobierno oligárquico hacia una democracia auténtica.

Junto con la privatización del dinero y del sistema legal, acabar con la política partidista abriría el camino hacia una economía más próspera y con alta productividad. Se abriría el camino hacia una economía más próspera y con alta productividad. No habría deuda pública. La carga de las contribuciones y los impuestos se hundiría.

Con el costo de vida bajo, el riesgo de desempleo pierde su amenaza. Bajo un orden anarcocapitalista, el desempleo temporal o incluso prolongado no sería un castigo como lo es ahora. De lo que se trata el capitalismo es de sustituir el trabajo humano por capital y liberarnos de la carga del trabajo tedioso y de las preocupaciones sobre nuestra próxima comida y dónde descansar la cabeza por la noche.

Para ganarse la opinión pública, el libertarismo debe presentarse como un movimiento de vanguardia cuyos orígenes son las rebeliones contra el autoritarismo, la dictadura y el totalitarismo. Los libertarios deben denunciar el socialismo como anticuado, estancado y retrógrado. Los libertarios deben ridiculizar al socialismo como la superstición de la era moderna. El libertarismo no es un movimiento conservador ni libertino. El enemigo del libertarismo es el poder. El objetivo del libertarismo es la libertad y sus medios son pacíficos.

El libertarismo como gobernanza y como orden económico anarcocapitalista se encuentra en la mejor tradición intelectual y, como tal, ha sido la punta de lanza de lo mejor que la era moderna tiene para ofrecer. El libertarismo representa aquellos elementos de la modernidad que son sensatos, sólidos y éticos. Los libertarios deben convencer a la opinión pública de que el anarcocapitalismo es un sistema de gobierno con los más altos estándares de posición intelectual y ética. El anarcocapitalismo es el camino hacia la libertad y la prosperidad.

Los promotores del anarcocapitalismo deben alimentar la perspectiva de que un orden anarcocapitalista será un mundo de abundancia. Los libertarios deben convencer al público de que bajo un orden anarcocapitalista, los salarios netos aumentarían, primero, porque habría muchos menos impuestos y contribuciones que pagar y, segundo, debido al aumento de la productividad. Más allá de eso, el poder de compra del dinero aumentaría debido a la caída de los precios. Bajo una economía anarcocapitalista, se producirá un aumento múltiple de la riqueza generalizada, y esto sería sólo el comienzo.

Los anarcocapitalistas deben propagar la idea de que producir los llamados bienes públicos no sólo es ineficiente sino también inútil. Además de ser caras, gran parte de la educación y la medicina estatales no sólo son superfluas sino también perjudiciales. Los militares son necesarios no porque la gente sea mala sino porque hay Estados gobernados por psicópatas.

Sin quitarles el poder a los políticos profesionales, el libertarismo no tiene ninguna posibilidad de convertirse en realidad. Por tanto, la demarquia es un paso necesario hacia un orden anarcocapitalista. Para que esto suceda, debe producirse un cambio de la ideología predominante. Los libertarios deben transformar la opinión pública a favor del sorteo, la selección de los representantes del pueblo por sorteo. Para ello, los libertarios deben referirse a la gran cantidad de ejemplos actuales e históricos de la estupidez, la idiotez y la brutalidad de un liderazgo que es seleccionado por la fuerza y el voto. La viciosidad, la crueldad, la brutalidad y el espíritu vengativo de estos gobernantes contrastan marcadamente con lo que sería el liderazgo bajo la demarquía. La mayoría de la gente verá que cuando la gente normal sea la gobernante, los horrores que han venido con el liderazgo político que ha llegado al poder por la fuerza y el voto son cosa del pasado. Junto con la investigación y documentación del comportamiento pasado y presente de los políticos profesionales, los libertarios deberían apoyar y extender todas las formas de ridículo para derramar sobre los procesos políticos electorales.

En cuanto a la teoría, los defensores del modelo económico anarcocapitalista no deberían enfatizar tanto su lealtad a sus raíces históricas sino enfatizar que sus practicantes marchan en la primera línea del progreso teórico.

Los empresarios deben abandonar su alianza con el Estado tal como la han practicado en la era del capitalismo corporativo. El Estado es un socio malo. En el futuro, además de empezar a ser malicioso, el Estado se volverá impotente por falta de fondos. La dependencia del Estado es una cuestión perdida. En el capitalismo de Estado, las empresas individuales obtienen ventajas especiales con la ayuda del Estado a costa de la comunidad empresarial. Esto no sólo es poco ético, sino también antieconómico. Los empresarios deben formar una nueva alianza. Su socio legítimo no es el Estado sino el movimiento libertario. En lugar de tirar dinero en boca de políticos corruptos, a la comunidad empresarial le iría bien para su propio futuro y la prosperidad de todos si financiaran el movimiento libertario.

Un campo amplio y fecundo de proyectos intelectuales exige el esfuerzo no sólo de economistas y juristas, sino también de historiadores, politólogos y sociólogos libertarios y de otras disciplinas, incluidas la teología y la psicología. La investigación en estas áreas necesita un nuevo enfoque: ya no como elogio del Estado y de sus líderes sino, por el contrario, revelar el fracaso del Estado y de sus líderes.

En este gran esfuerzo por crear un mundo mejor y salvar a la humanidad de la tiranía, todos tenemos un papel que desempeñar. El trabajo debe comenzar ahora porque nos queda un largo camino por delante.

III
CONCEPTOS Y PRINCIPIOS

Un hombre que elige entre beber un vaso de leche y un vaso de una solución de cianuro de potasio no elige entre dos bebidas; elige entre la vida y la muerte. Una sociedad que elige entre el capitalismo y el socialismo no elige entre dos sistemas sociales; elige entre la cooperación social y la desintegración de la sociedad. El socialismo no es una alternativa al capitalismo; es una alternativa a cualquier sistema bajo el cual los hombres puedan vivir como seres humanos.

Ludwig von Mises: *Human Action*
(Scholar's Edition 1998, p. 676)

Si continuamos con el sistema actual, el Estado crecerá cada vez más. Con el tamaño cada vez mayor del Estado, los gobiernos se volverán más poderosos.

Bajo un estado socialista, las nuevas tecnologías de vigilancia y control se convertirían en instrumentos horribles.

En el nuevo milenio, la desaparición del Estado es una condición necesaria para la libertad. Si fracasamos, el destino de la humanidad será una era de esclavitud. Si logramos establecer un orden anarcocapitalista, podremos dar la bienvenida a una nueva era de libertad y prosperidad.

Una economía libre en una sociedad libre requiere tres cambios institucionales importantes.

Primero, la selección del órgano representativo de la sociedad mediante un proceso de selección aleatoria, llamado demarquía (sorteo);

segundo, un sistema monetario privado para sustituir a los bancos centrales;

tercero, la prestación de servicios gubernamentales, de aplicación de la ley y de seguridad por parte de proveedores privados.

SOCIALISMO - CAPITALISMO

Cuando se habla de socialismo, lo primero que hay que hacer es distinguir entre «socialismo como meta» y «socialismo como método». Sin esta diferencia, uno se deja engañar fácilmente y, de hecho, a muchas personas se les hace creer que para lograr la meta socialista de prosperidad para todos hay que instalar el socialismo como medio. Al implantar el socialismo como método se produce lo contrario de la prosperidad esperada. En lugar de prosperidad para todos, el resultado es miseria y pérdida de libertad. Los socialistas engañan a sus creyentes haciéndoles la ilusión de que debido a que el socialismo como objetivo es tan bueno, el socialismo como medio es el camino correcto para alcanzar ese objetivo.

El concepto de socialismo implica la contradicción entre objetivo y método.

El concepto de capitalismo no sufre esta confusión. El capitalismo es un medio. El objetivo del capitalismo es la producción de prosperidad, no muy diferente del ideal socialista, aunque sea un medio muy diferente. Hay dos formas fundamentales de capitalismo como medio: una es el capitalismo de Estado, en el que el capitalismo está integrado en un Estado y bajo el control del gobierno, y la otra es el capitalismo libre o anarcocapitalista, en el que gobiernan las relaciones de intercambio voluntario.

LA CONTRADICCIÓN DEL SOCIALISMO
ENTRE MÉTODO Y OBJETIVO

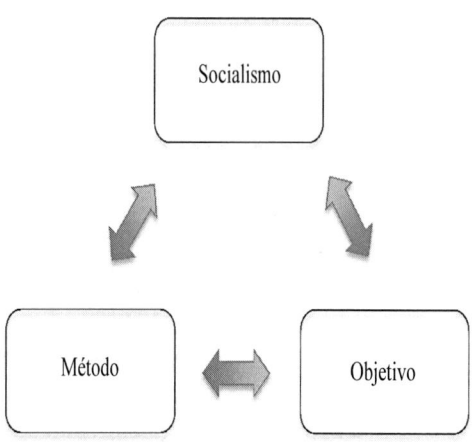

La disputa sobre capitalismo y socialismo no concierne a los objetivos, sino a los medios. ¿Qué es mejor para lograr prosperidad y libertad? Cuando uno plantea el problema de esta manera, la respuesta resulta obvia. Teórica e históricamente, el socialismo ha fracasado en todos los aspectos. Por lo tanto, el problema no es socialismo versus capitalismo, porque sólo los tontos o las personas completamente equivocadas elegirían el socialismo. La pregunta es qué tipo de capitalismo es el mejor método para producir prosperidad para todos: ¿capitalismo de Estado o anarcocapitalismo?

En el pasado surgieron varias formas de capitalismo de Estado, sobre todo la economía social de mercado desde inicios de la segunda mitad del siglo XX. El argumento a favor del anarcocapitalismo surge de la necesidad de acabar con las deficiencias del sistema actual que, debido a una democracia basada en partidos políticos, ha producido un exceso de gasto público que ha ralentizado el progreso económico y donde el estado de bienestar no ha disminuido sino aumentado la desigualdad.

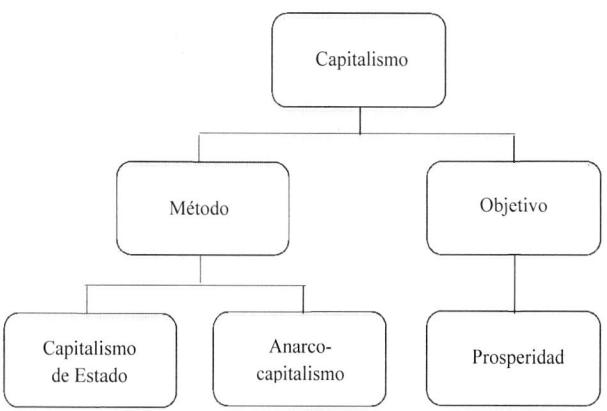

El anarcocapitalismo y la democracia electoral son incompatibles. Para darle una oportunidad al anarcocapitalismo, el sistema político debe cambiar. La salida al dilema es la demarquía o el sorteo, un sistema político en el que los representantes del pueblo no son seleccionados por votación sino por casualidad. La política de una república libre consiste en la combinación de anarcocapitalismo, demarquía y gestión gubernamental privada.

¿Cuál es la ventaja del anarcocapitalismo sobre el capitalismo de Estado? La respuesta es que el anarcocapitalismo genera niveles más altos de productividad y que la productividad es la fuente de riqueza. La demarquia es necesaria para acabar con la competencia de los partidos políticos cuya rivalidad conduce a la apropiación del Estado como instrumento de distribución. La gestión gubernamental privada es un organismo que ejerce funciones gubernamentales como órgano ejecutivo y judicial sin el predominio que conlleva las funciones estatales. Una república libre debe ser una entidad política más allá del Estado y la política.

GOBIERNO DE UNA REPÚBLICA LIBRE

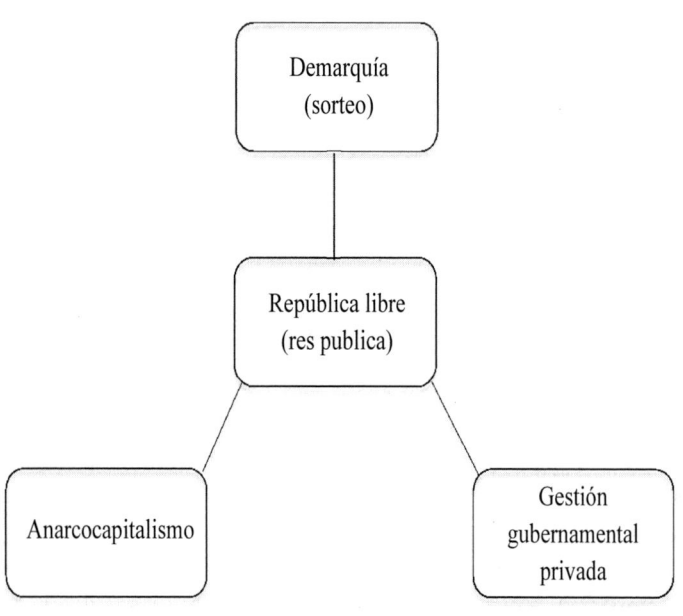

Los socialistas suponen que bajo un régimen socialista la tasa de progreso tecnológico sería la misma que bajo el capitalismo. Afirman que con la eliminación del afán de lucro se podrían mejorar las condiciones de trabajo y tener una distribución equitativa del ingreso. Sin embargo, los socialistas no ven que el afán de lucro sea el factor principal para estimular el progreso tecnológico. En una economía de mercado, las empresas pueden obtener una mayor tasa de beneficio gracias a una mayor productividad, y una mayor productividad requiere progreso tecnológico.

Históricamente, la evidencia muestra que el progreso tecnológico llegó con el capitalismo, y el capitalismo vino con la libre empresa.

Los socialistas también descartan el papel del capital y de la libertad personal. Los socialistas sólo ven el capital acumulado, pero ignoran la acumulación y el mantenimiento del capital, es decir, el ahorro. Los socialistas ven al capitalista como un explotador cuando en realidad su función principal es la provisión de ahorro. Asimismo, el progreso tecnológico no se producirá en una sociedad donde no hay libertad de expresión y de iniciativa privada. Los metafactores de una economía capitalista son la acumulación de capital (ahorro), la iniciativa privada (libertad personal) y la orientación al beneficio.

META FACTORES DE UNA ECONOMÍA CAPITALISTA

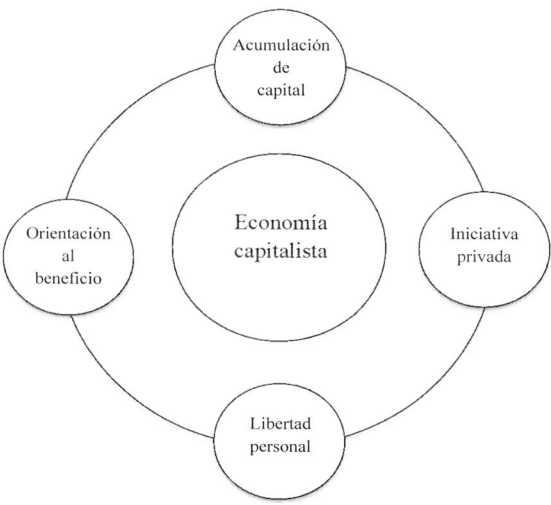

CONCEPTOS DE LA DEMARQUÍA

El actual sistema de capitalismo de Estado se ha convertido en un obstáculo para la creación de riqueza. Bajo el sistema político de la democracia de partidos moderna, existe una presión constante para expandir el gobierno. El gobierno de la democracia de partidos socava la economía de libre mercado. El intervencionismo y los impuestos se han convertido en la marca registrada del Estado moderno. Para que la economía vuelva a la senda de la prosperidad, es necesario realizar un cambio fundamental: no sólo en el orden económico sino también en el gobierno. Es más, el avance debe abarcar también la actitud espiritual. El triunfo del capitalismo libre llega con la autoliberación del individuo. El anarcocapitalismo y el anarcoindividualismo son dos caras de la misma moneda de una república libre.

El presente orden está bajo la plena autoridad del Estado. Si bien el liberalismo clásico todavía podía hacer una distinción entre familia, sociedad, nación y Estado, estas distinciones han desaparecido en el Estado moderno, que se ha vuelto totalitario no sólo en su configuración fascista o socialista. El Estado moderno en su forma actual de democracia sólo parece amable en su apariencia. Detrás de esta fachada, este Estado es tan brutal y violento como cualquiera de sus predecesores. El Estado moderno se ha vuelto omnicomprensivo y subsume bajo su autoridad a la nación, al gobierno y al pueblo.

ESTADO TOTAL

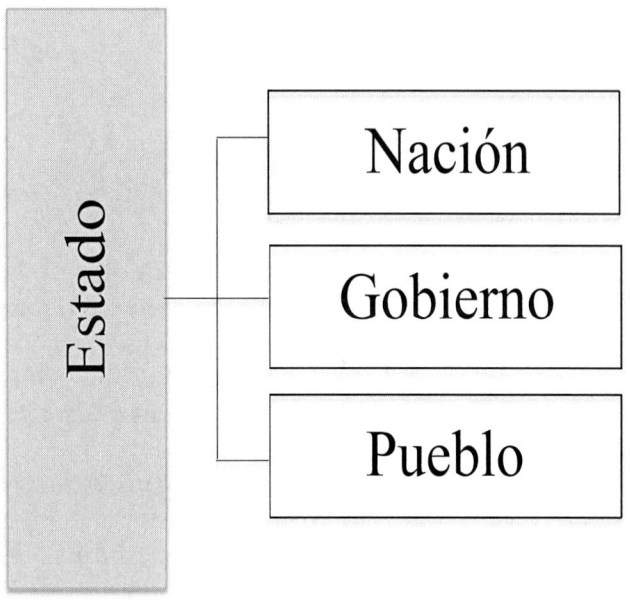

Para distinguir el Estado actual de una política de hombres libres, un término apropiado parece ser «anarco-republicanismo». El anarco-republicanismo es una entidad política cuyos elementos constitutivos son la propiedad personal, la propiedad privada, la asociación voluntaria y la no agresión.

El anarco-republicanismo define una entidad política basada en la asociación voluntaria de personas libres para el logro cooperativo de objetivos individuales, una entidad política que es una república («res publica») en su verdadero sentido, diferente de las organizaciones estatales que son jerárquicas, dictatoriales y autoritarias.

En cuanto a su gobernanza, la anarco-república requiere un orden cuya autoridad no sea el Estado sino el pueblo, como lo denota el término «república» en el sentido de «res publica» –asuntos públicos–.

REGLAS DE LA RES PUBLICA

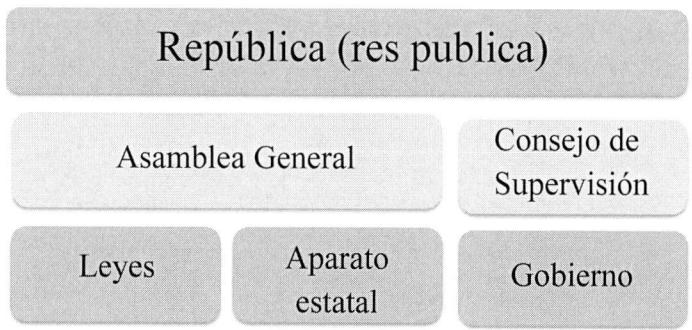

La estructura de tal entidad política comprendería una Asamblea General compuesta por miembros elegidos por sorteo, un Consejo de Supervisión como comité especial como parte de la Asamblea General y el gobierno, que ejerce las funciones ejecutivas como una empresa de gestión privada bajo la autoridad del Asamblea General y Consejo de Supervisión.

Mientras que el anarco-individualismo denota la filosofía, el libertarismo representa el movimiento político destinado a establecer el gobierno de personas libres. El libertarismo se opone a todos aquellos movimientos que intentan establecer un régimen autoritario o dictatorial. El anarcoliberalismo es la filosofía política específica que promueve una política basada en la asociación voluntaria de personas libres para el logro cooperativo de objetivos individuales.

La «demarquía» es una forma de gobierno en la que los representantes del pueblo son elegidos por sorteo, en contraste con los sistemas políticos cuyos gobernantes llegan al poder por herencia, fuerza o voto, mientras que «sorteo» designa el proceso mediante el cual se elige el cuerpo representativo del pueblo por lotería en contraste con los sistemas de voto, co-opción y cooptación. Los seleccionados por sorteo forman los miembros de la Asamblea General, que es el órgano representativo del electorado que forma el cuerpo legislativo del gobierno republicano similar a los parlamentos o congresos en las democracias modernas.

ESTRUCTURA INSTITUCIONAL DE LA DEMARQUÍA

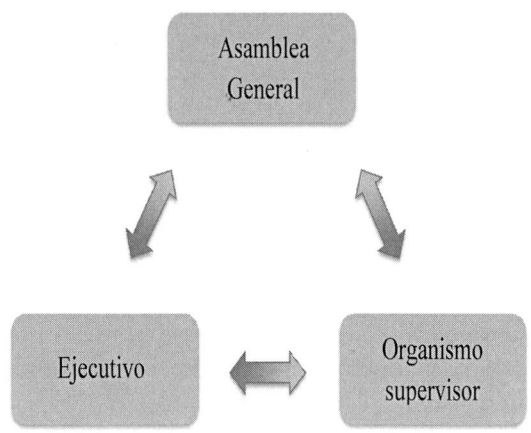

El anarco-individualismo es la filosofía rectora del modelo de república libre. La filosofía anarcoindividualista sitúa al individuo soberano en el centro del sistema de valores en contraste con todas las formas de colectivismo y organizaciones jerárquicas autoritarias.

El órgano de supervisión es parte de la Asamblea General con tareas especiales de supervisión de la agencia de gestión gubernamental privada que se asemeja a la antigua Cámara Alta en Gran Bretaña o al Senado en su significado original.

En la política de una república libre, el gobierno es una agencia gubernamental privada contratada por la Asamblea General y supervisada por el Órgano de Supervisión para ejercer funciones ejecutivas similares a los gobiernos en el sentido tradicional, pero sin autoridad estatal. La gestión judicial la realizan agencias de derecho privado que ofrecen servicios de arbitraje similares a los servicios de arbitraje actuales. Del mismo modo, la actuación policial se asigna a la policía privada de forma similar a las formas actuales de órganos policiales no estatales. La defensa está bajo la autoridad de la Asamblea General y de la supervisión del Órgano de Vigilancia, la defensa de la comunidad está gestionada por empresas privadas.

INDIVIDUALISMO ANARQUISTA

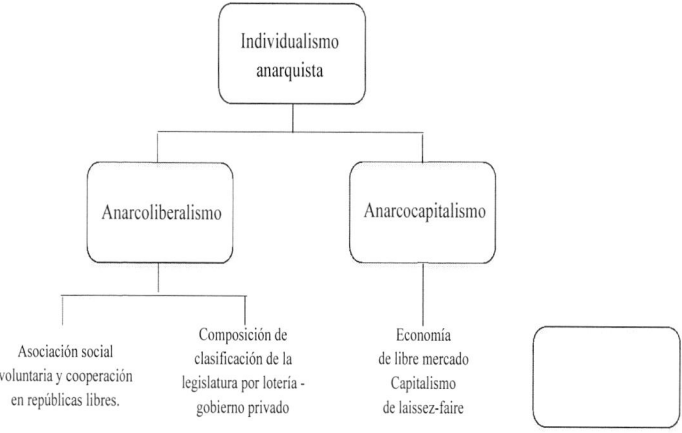

En el contexto de la política de una república libre, anarcocapitalista se refiere a una economía de libre mercado (capitalismo de «laissez-faire») - un orden económico basado en la propiedad privada y el libre mercado en contraste con el capitalismo de estado, el socialismo, el comunismo, y el intervencionismo.

CONCEPTOS BÁSICOS DEL ORDEN ANARCO-INDIVIDUALISTA

Concepto	Definición
Anarco-república	Un sistema de gobierno basado en la asociación voluntaria de personas libres para el logro cooperativo de objetivos individuales, un sistema de gobierno que es una república ("res publica") en su verdadero sentido, diferente de las organizaciones estatales que son jerárquicas, dictatoriales y autoritarias.
Anarcoliberalismo	Filosofía política que promueve una organización política basada en la asociación voluntaria de personas libres para el logro cooperativo de objetivos individuales.
Libertarianismo	El movimiento político que tiene como objetivo establecer el gobierno de las personas libres. El libertarismo contrasta con todos aquellos movimientos que intentan establecer un gobierno autoritario o dictatorial.
Demarquía	Una forma de gobierno en la que los representantes del pueblo son elegidos por sorteo, en contraste con los sistemas políticos cuyos gobernantes llegan al poder por herencia, fuerza o voto.
Sorteo	El proceso mediante el cual se elige el cuerpo representativo del pueblo en una lotería en contraste con los sistemas de voto, co-opción y cooptación.
Anarcocapitalismo	Economía de libre mercado ("Laissez-faire" - capitalismo): un orden económico basado en la propiedad privada y el libre mercado en contraste con el capitalismo de estado, el socialismo, el comunismo y el intervencionismo.
Anarco-individualismo	La filosofía que pone al individuo autónomo en el centro del sistema de valores en contraste con todas las formas de colectivismo y organizaciones jerárquicas autoritarias.
Electorado	Miembros de la comunidad que forman el universo del sorteo similar a los votantes en una democracia.
Asamblea General	El cuerpo representativo del electorado que forma el cuerpo legislativo del sistema político republicano similar a los parlamentos

CONCEPTOS DE LA DEMARQUÍA

Organismo de Supervisión	Una parte de la Asamblea General con tareas especiales de supervisión de la agencia de gestión gubernamental privada similar a la antigua Cámara Alta en Gran Bretaña o los Senados en el sentido original.
Gestión gubernamental	Una agencia gubernamental privada que es contratada por la Asamblea General y supervisada por el Órgano de Supervisión para ejercer funciones ejecutivas similares a las de los gobiernos en el sentido tradicional sin autoridad estatal.
Gestión judicial	Agencias de derecho privado que ofrecen servicios de arbitraje similares a los servicios de arbitraje actuales.
Vigilancia	Policía privada similar a las formas actuales de órganos policiales no estatales.
Defensa	Bajo la autoridad de la Asamblea General y bajo la supervisión del Órgano de Control, la defensa de la comunidad es gestionada por empresas privadas (alta tecnología).

PRINCIPALES TIPOS DE FALLOS GUBERNAMENTALES

I. CONOCIMIENTO

Las políticas gubernamentales adolecen de la pretensión de conocimiento (Friedrich Hayek). Para llevar a cabo una intervención exitosa en el mercado, los políticos necesitan saber mucho más de lo que posiblemente puedan. El conocimiento del mercado no es centralizado, sistemático, organizado y general, sino disperso, heterogéneo, específico e individual. A diferencia de una economía de mercado donde hay muchos operadores y un proceso constante de prueba y error, la corrección de los errores gubernamentales es muy limitada debido a su condición de monopolio y porque admitir errores puede ser peor para la reputación del político que aferrarse a una decisión equivocada, incluso en contra de la propia percepción.

II. ASIMETRÍAS DE INFORMACIÓN

Si bien también existen asimetrías de información en el mercado, por ejemplo, entre el asegurador y el asegurado, o entre el vendedor de un automóvil usado y su comprador, la asimetría de información es más profunda en el sector público que en el privado. Si bien hay, por ejemplo, varias compañías de seguros y muchos concesionarios de automóviles, sólo hay un gobierno. Los representantes del Estado como agencia, los políticos, no tienen nada que ver con el lío y, al no ser partes interesadas, no harán muchos esfuerzos para investigar y evitar las asimetrías de información. Por el contrario, los políticos suelen estar deseosos de proporcionar fondos no a quienes más los necesitan, sino a quienes son políticamente más relevantes.

III. Desplazamiento del sector privado

La intervención gubernamental no elimina las aparentes deficiencias del mercado, sino que las crea al desplazar la oferta privada. Si no hubiera un dominio público en las áreas de escolarización y asistencia social, la oferta privada y la caridad privada llenarían el vacío, como ocurría antes de que el gobierno usurpara estas actividades. El desplazamiento del sector privado a través de políticas gubernamentales está constantemente en marcha porque los políticos pueden obtener votos ofreciendo servicios públicos adicionales, aunque la administración pública no mejoraría sino más bien deterioraría el problema.

IV. Retrasos de tiempo

Las políticas gubernamentales adolecen de largos desfases entre el diagnóstico y el efecto. El gobierno sólo se da cuenta de aquellos problemas por los que existe presión política. Se necesita mucho tiempo hasta que un problema se politiza lo suficiente como para llamar la atención del gobierno. Después del diagnóstico, se produce otro desfase hasta que las autoridades han encontrado un consenso sobre cómo abordar el problema político y se necesita un lapso adicional hasta que las medidas se implementen y otro tiempo hasta que los procedimientos muestren algunos efectos. Los resultados de las intervenciones estatales normalmente no sólo se desvían de la intención original, sino que, de hecho, pueden producir el resultado opuesto. En todos los casos, el lapso de tiempo entre la articulación de un problema y su efecto es tan largo que no sólo la naturaleza del problema y su contexto han cambiado (a menudo de manera fundamental).

V. Búsqueda y creación de rentas

La intervención gubernamental invita a la búsqueda de rentas. La búsqueda de rentas es el esfuerzo de obtener privilegios a través de políticas gubernamentales. Junto con los alquileres existentes, se induce a las políticas gubernamentales a crear oportunidades adicionales de alquiler para obtener apoyo y votos adicionales. Esta creación de rentas invita a una mayor búsqueda de rentas y a desdibujar la conducta legal. Cuanto más ceda un gobierno a la búsqueda y creación de rentas, más será víctima el país del clientelismo, la corrupción y la mala asignación de recursos.

VI. Intercambio de favores y comercio de votos

El concepto de la escuela de elección pública de «intercambio de favores» denota el intercambio de favores entre las facciones políticas para lograr que el proyecto favorito de uno se apruebe apoyando los proyectos del otro grupo. Esta conducta conduce a la constante expansión de la actividad estatal. A través del «quid pro quo», los políticos apoyan leyes de otras facciones a cambio de obtener el apoyo político para la propia legislación. Este comportamiento conduce al conocido fenómeno de la «inflación legislativa», la avalancha de producción de leyes inútiles, contradictorias y perjudiciales.

VII. Bien común

El llamado «bien común» no es un concepto bien definido. Conceptos similares, como el de «bien público», que se define por la no exclusión y la no rivalidad, no tienen sentido porque no es el bien el que es «común» o «público», sino que su provisión se considera más efectiva por esfuerzos colectivos que por individualidad. Sin embargo, este es el caso de todos los bienes y el mercado en sí es un sistema de suministro de bienes privados a través de esfuerzos cooperativos. Cualquiera de los llamados bienes públicos, que el gobierno suministra, también los puede entregar el sector privado, y de forma más barata y mejor. Una economía de libre mercado no sólo podría proporcionar educación, atención médica o asistencia para la vejez, así como seguridad interna y externa, sino también mejores y más baratas.

XIII. Captura regulatoria

El término «captura regulatoria» denota un fallo del gobierno donde la agencia reguladora no persigue la intención original de promover el «interés público» sino que es víctima del interés especial de aquellos grupos para quienes la agencia fue creada para regular. La captura del organismo regulador por parte de intereses privados significa que la agencia se convierte en un instrumento para promover los intereses específicos de los grupos que fueron objeto de regulación. El grupo de intereses especiales puede solicitar una regulación para obtener el aparato estatal como instrumento para promover sus intereses.

IX. VISIÓN DE CORTO PLAZO

El horizonte temporal político son las próximas elecciones. En el esfuerzo por que los beneficios de la acción política lleguen rápidamente a sus clientelas específicas, el político favorecerá los proyectos de corto plazo sobre los de largo plazo, incluso si los primeros solo aportan beneficios temporales y cuestan más a largo plazo que un proyecto alternativo donde los costos llegan antes, pero los beneficios mayores después.

X. IGNORANCIA RACIONAL

Es racional que el votante individual en una democracia de masas permanezca ignorante acerca de las cuestiones políticas porque el valor del voto individual es tan pequeño que no influye mucho en el resultado. El votante racional votará por aquellos candidatos que prometan mayores beneficios. Dada la poca relevancia de un voto individual en una democracia de masas, el votante racional no dedicará mucho tiempo y esfuerzo a investigar si estas promesas son realistas o si chocan con sus otros deseos. Así, las campañas políticas no tienen como objetivo la información y la ilustración, sino la desinformación y la confusión. Lo que cuenta, al final, para ser votado no es la solidez del programa sino el entusiasmo que un candidato puede crear entre sus seguidores y cuánto puede degradar, denunciar y humillar a su oponente. El proceso electoral político propaga el odio, la división y el ansia de venganza.

DIEZ ACUSACIONES FUNDAMENTALES CONTRA EL ESTADO

La gran ilusión de los tiempos modernos es la creencia de que una sociedad y una economía requerirían un Estado. El Estado no es un mal necesario sino un mal superfluo. Que el individuo no pueda sobrevivir sin una sociedad y una economía no significa que no pueda sobrevivir sin un Estado. El anarcocapitalismo y el anarcoindividualismo no están en contra de la sociedad. El individuo no es antisocial cuando es antiestado. No es el anarquista el antisocial, sino el Estado.

I.

Mientras pretende proteger la vida, la libertad y la propiedad, el Estado ha sido el enemigo supremo de la vida, la libertad y la propiedad. A lo largo de la historia, los crímenes cometidos por el Estado han sido infinitamente mayores que los cometidos por individuos.

II.

El Estado no es productivo. El origen del Estado es el parasitismo. La brecha social no es entre el trabajador y el capitalista sino entre el Estado parásito y quienes producen los bienes.

III.

El Estado es enemigo de la prosperidad del pueblo. El Estado confisca la riqueza y castiga la productividad. El Estado desvía el ahorro y la inversión.

IV.

El saqueo es la pensión alimenticia del Estado. El Estado permite que la economía prospere sólo en la medida en que proporciona el material para que el Estado saquee.

V.

La agresión es la naturaleza del Estado. Su agresión va tanto contra sus propios súbditos como contra enemigos extranjeros reales o imaginarios. La guerra es la salud del Estado.

VI.

El Estado crea sus propios enemigos y con ello justifica su propia existencia. A través de guerras y conflictos permanentes, el Estado obtiene el consentimiento de sus subordinados.

VII.

El Estado engaña sobre la legitimidad de su existencia de fuerza y coerción. El Estado no tiene más autoridad que la falsa autoridad que surge a través de la violencia.

VIII.

El individuo es el enemigo natural del Estado. Por tanto, el Estado hará todo lo posible para aniquilar al individuo y promover el conformismo.

IX.

Todos los Estados fracasan. La mayor victoria del Estado lleva consigo la semilla de la decadencia del Estado.

X.

Acabar con el Estado abrirá las puertas a la paz y la prosperidad. La desaparición del Estado marca el comienzo del triunfo del individuo.

PRINCIPIOS DE GOBERNANZA ECONÓMICA

1. LA PRODUCCIÓN PRECEDE AL CONSUMO
Antes de que algo pueda consumirse, primero debe existir. Los bienes de consumo no caen del cielo. Están al final de una larga cadena de procesos de producción entrelazados. Para tener más bienes para el consumo, primero hay que ver que se producirán más bienes.

2. EL CONSUMO ES EL OBJETIVO FINAL DE LA PRODUCCIÓN
El consumo es el objetivo de toda actividad económica y la producción es su medio. El consumo actual resulta del proceso de producción que se extiende al pasado, pero el valor de esta estructura de producción depende del estado actual de valoración por parte de los consumidores y del estado futuro esperado. Por tanto, los consumidores son los propietarios finales de facto del aparato de producción en una economía capitalista.

3. LA PRODUCCIÓN TIENE COSTOS
Detrás de cada cheque de asistencia social y detrás de cada subvención de investigación se encuentra el dinero de los impuestos de personas reales. Si bien los contribuyentes ven que el gobierno confisca parte de sus ingresos personales, no saben a quién va ese dinero; y aunque los receptores de los gastos gubernamenta-

les ven que el gobierno les entrega el dinero, no saben a quién le ha quitado ese dinero. Cuando alguien aparentemente obtiene algo «gratis» del Estado para consumir, otro se queda con menos de lo que produjo.

4. EL VALOR ES SUBJETIVO

La valoración es subjetiva y varía según la situación y circunstancias concretas de un individuo. El mismo bien físico tiene diferentes valores para diferentes personas en diferentes momentos. La utilidad es subjetiva, individual y situacional. El valor de un bien depende de la unidad marginal, no del promedio o del total. No existe el consumo colectivo. Incluso la temperatura en la misma habitación la perciben diferente diferentes personas. Una misma película o partido de fútbol tiene un valor subjetivo diferente para cada espectador.

5. LA PRODUCTIVIDAD DETERMINA EL SALARIO

En una economía libre, la producción marginal determina el salario del trabajador. En un mercado laboral libre, las empresas contratarán trabajadores adicionales siempre que su productividad marginal exceda y finalmente iguale la tasa salarial. La competencia entre las empresas aumentará el salario hasta el punto en que sea igual a la productividad. El poder de los sindicatos puede cambiar la distribución de los salarios entre los diferentes grupos laborales, pero los sindicatos no pueden cambiar el nivel salarial general, que depende de la productividad laboral.

6. LOS GASTOS SON INGRESOS Y COSTOS

El gasto es un ingreso para el vendedor, pero representa un costo para el comprador. En términos macroeconómicos, el gasto es igual a los ingresos y los ingresos son iguales a los costos. Cuando un gobierno gasta no sólo genera ingresos sino también costos. Se producen graves errores de política cuando las políticas gubernamentales toman en cuenta sólo el efecto ingreso del gasto público, pero ignoran el efecto costo.

7. EL DINERO *PER SE* NO ES RIQUEZA

El valor del dinero consiste en su poder adquisitivo. El dinero sirve como instrumento de cambio. La riqueza de una persona existe en su acceso a los bienes y servicios que desea. Una economía no puede aumentar su riqueza simplemente aumentando su stock de dinero.

8. EL TRABAJO NO CREA VALOR

El trabajo, en combinación con otros factores de producción, crea productos, pero el valor del producto depende de su utilidad. La utilidad depende de la valoración subjetiva individual. El empleo por el empleo no tiene sentido económico. Lo que cuenta es la creación de valor. Para ser útil, un producto debe ofrecer beneficios al consumidor. El valor de un bien existe independientemente del esfuerzo de producirlo.

9. EL BENEFICIO ES LA RECOMPENSA EMPRESARIAL

En el capitalismo competitivo, el beneficio económico es el bono extra que obtienen aquellas empresas que corrigen errores de asignación y que predicen mejor las necesidades futuras de sus clientes. En una economía estática sin cambios, no habría ni ganancias ni pérdidas. Sin embargo, el crecimiento económico significa cambio, y anticipar los cambios es la fuente de ganancias económicas.

10. LAS LEYES ECONÓMICAS EXISTEN

Las leyes económicas son leyes lógicas. Como tales son invulnerables. Las leyes jurídicas que contradicen las leyes económicas fundamentales no abolen las leyes económicas, sino que pervierten su función. Estas leyes económicas lógicas funcionan como hechos. El gobierno puede ignorar e intentar violar las leyes económicas, pero las leyes económicas no ignorarán a los ignorantes. A esas sociedades les va mejor cuando la gente y el gobierno reconocen y respetan estas leyes económicas fundamentales y las utilizan en su beneficio.

PRINCIPIOS DEL ANARCOCAPITALISMO

I.
Cada hombre es único en su personalidad.
(La singularidad humana hace al individuo)

II.
El hombre es un ser emprendedor
(Acción humana)

III.
La sociedad es la libre asociación de los hombres
(Principio de la división del trabajo)

IV.
El límite del egoísmo de una persona es el egoísmo de la otra
(Controles y equilibrios)

V.
La ley de la cooperación es la reciprocidad
(*Do Ut Des)*

VI.
El gobierno existe por consentimiento, no por derecho
(El gobierno como gestión empresarial)

VII.
La fuente de la legitimidad es la compatibilidad
de voluntades
(Libertad)

VIII.
El objeto de la propiedad privada es la libre empresa
(Competencia productiva)

IX.
No hay más derechos ni deberes que la autoconservación
individual
(Ámbito de existencia)

X.
La soberanía individual es suprema
(Pilar)

PRINCIPIOS
DEL ANARCOINDIVIDUALISMO

I.
Todo lo que soy es mi propiedad

II.
La sociedad puede limitar mi libertad, pero no debe limitar mi singularidad

III.
Es mejor confiar en el egoísmo de los demás que en su compasión.

IV
La sociedad es el destino, la comunidad es una elección

V.
Usarse a uno mismo no significa ser útil

VI.
Divertirse es un arte

VII.
No tengo deberes con nadie
y nadie tiene deberes conmigo

VIII.

Tomar a las personas tal como son, es el primer paso hacia
la paz interior y exterior

IX.

Dominar los propios pensamientos es el mayor logro

X.

No todo concepto representa una existencia

XI.

Soy mi propia verdad

XII.

Yo soy la medida de todas las cosas

XIII.

El principio de la vida –cualquier vida– es el agotamiento

XIV.

Mi unicidad es mi perfección

XV.

Un hombre virtuoso no es agresivo, tiene control de sí mismo,
es superior, alegre, irónico, de mente abierta y benévolo

BIBLIOGRAFÍA

Achen, C. H., & Bartels, L. M. (2017). *Democracy for realists: Why elections do not produce responsive government* (Princeton studies in political behavior). Princeton University Press.

Antonopoulos, A. M. (2016). *The internet of money.* Merkle Bloom LLC.

Applebaum, A. (2004). *Gulag: A history.* Anchor Books.

— (2017). *Red famine: Stalin's war on the Ukraine.* Doubleday.

Ashford, N., & Davis, S. (Eds.). (2012). *A dictionary of conservative and libertarian thought (Routledge revivals).* Routledge.

Bagus, P. (2014). *In defense of deflation (Financial and monetary policy studies).* Springer.

—, & Marquart, A. (2016). *Blind robbery!: How the Fed, banks and government steal our money.* FinanzBuch Verlag.

Baldwin, R. (2016). *The great convergence: Information technology and the new globalization.* Belknap Press.

Banerjee, A., & Duflo, E. (2012). *Poor economics: A radical rethinking of the way to fight global poverty.* Public Affairs.

Barnett, A. (2017). *The Athenian option: Radical reform for the House of Lords (Sortition and public policy book 5).* Imprint Academic.

Barrat, J. (2015). *Our final invention: Artificial intelligence and the end of the human era.* St. Martin's Griffin.

Belke, A., & Polleit, T. (2009). *Monetary economics in globalised financial markets.* Springer.

185

Belloc, H. (1912). *The servile state*. T. N. Foulis.

Benda, J. (2006). *The treason of the intellectuals*. Routledge.

Benson, B. L. (2011). *The enterprise of law: Justice without the state*. Independent Institute.

Birner, J., & Garrouste, P. (Eds.). (2003). *Markets, information and communication: Austrian perspectives on the internet economy (Routledge foundations of the market economy)*. Routledge.

Block, W. (2008). *Defending the undefendable*. Ludwig von Mises Institute.

— (2012). *The privatization of roads and highways: Human and economic factors*. CreateSpace Independent Publishing Platform.

— (2014). *Toward a libertarian society*. Ludwig von Mises Institute.

Boaz, D. (Ed.). (2015). *The libertarian reader: Classic & contemporary writings from Lao-Tzu to Milton Friedman*. Simon & Schuster.

— (2015). *The libertarian mind: A manifesto for freedom*. Simon & Schuster.

Böhm-Bawerk, E. von. (2012). *Karl Marx and the close of his system: A criticism (Classic reprint)*. Forgotten Books.

— (2007). *Positive theory of capital*. Ludwig von Mises Institute.

Bostrom, N. (2016). *Superintelligence: Paths, dangers, strategies*. Oxford University Press.

Boétie, É. de la. (2015). *The politics of obedience: The discourse of voluntary servitude* (M. Rothbard, Intro.). Ludwig von Mises Institute.

Boettke, P. J. (2012). *Living economics: Yesterday, today, and tomorrow* (Independent studies in political economy). Independent Institute. [Trad. Esp., *Discurso de la servidumbre voluntaria*, Unión Editorial, Madrid 2022].

— (2001). *Calculation and coordination: Essays on socialism and transitional political economy* (Routledge foundations of the market economy). Routledge.

— (2015). *The Oxford handbook of Austrian economics* (Oxford handbooks). Oxford University Press.

— (1990). *The political economy of Soviet socialism: The formative years, 1918–1928* (1990th ed.). Springer.

Boldrin, M., & Levine, D. K. (2010). *Against intellectual monopoly*. Cambridge University Press.

Bourdieu, P. (2015). *On the state: Lectures at the Collège de France, 1989–1992*. Polity.

Bouricius, T. (2017). *(S)election: Sortition, the democratic alternative* (Fomite interrogations: A series of tracts for our time, Vol. 6). Fomite Publishers.

Boyes, W. J. (2011). *Managerial economics: Markets and the firm* (Upper level economics titles). South-Western College Publications.

Brafman, O., & Beckstrom, R. A. (2008). *The starfish and the spider: The unstoppable power of leaderless organizations*. Portfolio.

Brackins, D. A. (2017). *Private property, the law, and the state*. CreateSpace Independent Publishing Platform.

Braun, E. (2016). *Finance behind the veil of money*. CreateSpace Independent Publishing Platform.

Brennan, J. (2016). *Against democracy*. Princeton University Press.

Brick, H. (2016). *Transcending capitalism: Visions of a new society in modern American thought*. Cornell University Press.

Brynjolfsson, E., & McAfee, A. (2016). *The second machine age: Work, progress, and prosperity in a time of brilliant technologies*. W. W. Norton & Company.

Buchanan, J., & Wagner, R. (1977). *Democracy in deficit: The legacy of Lord Keynes*. Emerald Group Publishing.

Burnheim, J. (2016). *The demarchy manifesto: For better public policy* (Societas). Imprint Academic.

— (1985). *Is democracy possible? The alternative to electoral politics*. University of California Press.

Bylund, P. L. (2015). *The problem of production: A new theory of the firm*. Routledge.

Cachanosky, N. (2018). *Monetary equilibrium and nominal income targeting* (Routledge international studies in money and banking). Routledge.

Caplan, B. (2018). *The case against education: Why the education system is a waste of time and money*. Princeton University Press.

— (2008). *The myth of the rational voter: Why democracies choose bad policies*. Princeton University Press.

Chafuen, A. A. (2003). *Faith and liberty: The economic thought of the late scholastics* (Studies in ethics and economics). Lexington Books.

Christensen, C. M. (2016). *The innovator's dilemma: When new technologies cause great firms to fail* (Management of innovation and change). Harvard Business Review Press.

Clark, G. (2009). *A farewell to alms: A brief economic history of the world* (The Princeton economic history of the Western world). Princeton University Press.

Cogan, J. F. (2017). *The high cost of good intentions: A history of U.S. federal entitlement programs*. Princeton University Press.

Conquest, R. (2007). *The great terror: A reassessment* (40th anniversary ed.). Oxford University Press.

Cowen, T. (2014). *Average is over: Powering America beyond the age of the great stagnation*. Plume.

— (2011). *The great stagnation: How America ate all the low-hanging fruit of modern history, got sick, and will (eventually) feel better*. Dutton.

Coyne, C. J., & Hall, A. R. (2018). *Tyranny comes home: The domestic fate of U.S. militarism*. Stanford University Press.

Cwik, P. F. (s. f.). *An investigation of inverted yield curves and economic downturns*. Ludwig von Mises Institute.

Dahlen, M. (2016). *Ending big government: The essential case for capitalism and freedom*. Mill City Press.

Dalrymple, T. (2018). *Nothing but wickedness: The origins of the decline of our culture*. Gibson Square Books.

Davidson, J. D., & Rees-Mogg, W. (1999). *The sovereign individual: Mastering the transition to the information age*. Touchstone.

Delannoi, G., & Dowlen, O. (Eds.). (2010). *Sortition: Theory and practice* (Sortition and public policy). Imprint Academic.

Deneen, P. J. (2018). *Why liberalism failed* (Politics and culture). Yale University Press.

Diamandis, P. H., & Kotler, S. (2014). *Abundance: The future is better than you think* (Reprint ed.). Free Press.

Di Iorio, F. (2015). *Cognitive autonomy and methodological individualism: The interpretative foundations of social life* (Studies in applied philosophy, epistemology and rational ethics). Springer.

DiLorenzo, T. J. (2005). *How capitalism saved America: The untold history of our country, from Pilgrims to the present*. Crown Forum.

— (2016). *The problem with socialism*. Regnery Publishing.

Doherty, B. (2008). *Radicals for capitalism: A freewheeling history of the modern American libertarian movement*. PublicAffairs.

Dorn, J. A. (Ed.). (2017). *Monetary alternatives: Rethinking government fiat money*. Cato Institute.

—, Hanke, S. H., & Walters, A. A. (Eds.). (1998). *The revolution in development economics*. Cato Institute.

Dowlen, O. (2009). *The political potential of sortition: A study of the random selection of citizens for public office* (Sortition and public policy). Imprint Academic.

Drochon, H. (2016). *Nietzsche's great politics*. Princeton University Press.

Drucker, P. (2006). *Innovation and entrepreneurship*. HarperBusiness.

Easterbrook, G. (2018). *It's better than it looks: Reasons for optimism in an age of fear*. Public Affairs.

Easterly, W. (2007). *The white man's burden: Why the West's efforts to aid the rest have done so much ill and so little good*. Penguin.

— (2015). *The tyranny of experts: Economists, dictators, and the forgotten rights of the poor*. Basic Books.

Ebeling, R., & Hornberger, J. G. (1996). *The failure of America's foreign wars*. Future of Freedom Foundation.

— (2015). *Monetary central planning and the state*. Future of Freedom Foundation.

Emerson, R. W. (2000). *The essential writings of Ralph Waldo Emerson* (Modern Library classics). Modern Library.

Eire, C. M. N. (2016). *Reformations: The early modern world, 1450–1650*. Yale University Press.

Eucken, W. (2011). *The foundations of economics: History and theory in the analysis of economic reality*. Springer.

Eusepi, G., & Wagner, R. E. (2017). *Public debt: An illusion of democratic political economy* (New thinking in political economy series). Edward Elgar.

Erhard, L. (1958). *Prosperity through competition*. Praeger.

Ertel, W. (2018). *Introduction to artificial intelligence* (Undergraduate topics in computer science). Springer.

Evans, A. J. (2014). *Markets for managers: A managerial economics primer* (The Wiley finance series). Wiley & Zimmermann, A. (Eds.). (2014). *Global perspectives on subsidiarity* (Ius gentium: Comparative perspectives on law and justice). Springer.

— (2013). *Stalin's secret agents: The subversion of Roosevelt's government*. Threshold Editions.

Ebeling, R. (2016). *Austrian economics and public policy: Restoring freedom and prosperity*. Future of Freedom Foundation.

Ferguson, N. (2018). *The square and the tower: Networks and power, from the Freemasons to Facebook*. Penguin Press.

— (2012). *Civilization: The West and the rest*. Penguin Books.

Fareed, Z. (2007). *The future of freedom: Illiberal democracy at home and abroad* (Rev. ed.). W. W. Norton & Company.

Feyerabend, P. (2010). *Against method*. Verso.

Folsom, B. W. (1991). *The myth of the robber barons: A new look at the rise of big business in America*. Young America Foundation.

Ford, M. (2015). *The rise of the robots: Technology and the threat of a jobless future* (Reprint ed.). Basic Books.

Foss, N. J., & Klein, P. (Eds.). (2002). *Entrepreneurship and the firm: Austrian perspectives on economic organization.* Edward Elgar Publishing.

Frank, M., Roehrig, P., & Pring, B. (2017). *What to do when machines do everything: How to get ahead in a world of AI, algorithms, bots, and big data.* Wiley.

Friedman, D. D. (2015). *The machinery of freedom: Guide to radical capitalism* (3rd ed.). CreateSpace Independent Publishing Platform.

Friedman, M., & Schwartz, A. J. (1971). *A monetary history of the United States, 1867–1960.* Princeton University Press.

— (2002). *Capitalism and freedom* (40th anniversary ed.). University of Chicago Press.

Fukuyama, F. (2012). *The origins of political order: From prehuman times to the French Revolution.* Farrar, Straus and Giroux.

Garrison, R. (2007). *Time and money: The macroeconomics of capital structure* (Routledge foundations of the market economy; new ed.). Routledge. [Trad. Esp., *Tiempo y dinero. La Macroeconomía de la Estructura del Capital*, Unión Editorial, Madrid 2005].

Gatto, J. T. (2017). *The underground history of American education, Volume I: An intimate investigation into the prison of modern schooling.* Valor Academy.

Guerin, D. (Ed.) (2005). *No gods no masters: An anthology of anarchism.* AK Press.

Giddens, A. (1999). *The third way: The renewal of social democracy.* Polity Press.

— (1973). *Capitalism and modern social theory: An analysis of the writings of Marx, Durkheim and Max Weber.* Cambridge University Press.

Goodwin, B. (2005). *Justice by lottery* (Sortition and public policy). Imprint Academic.

Gordon, R. J. (2017). *The rise and fall of American growth: The U.S. standard of living since the Civil War* (The Princeton economic history of the Western world). Princeton University Press.

— (2017). *An Austro-Libertarian view: Current affairs, foreign policy, American history, European history* (Essays by David Gordon; 3 vols.). Ludwig von Mises Institute.

Granovetter, M. (2017). *Society and economy: Framework and principles*. Belknap Press.

Grant, J. (2014). *The forgotten depression: 1921: The crash that cured itself*. Simon & Schuster.

Halberstam, D. (2002). *The best and the brightest*. Modern Library.

Harford, T. (2017). *Fifty inventions that shaped the modern economy*. Riverhead Books.

Harris, F., & Curtis, A. (Eds.). (2018). *Healing our divided society: Investing in America fifty years after the Kerner report*. Temple University Press.

Haskel, J., & Westlake, S. (2017). *Capitalism without capital: The rise of the intangible economy*. Princeton University Press.

Hathaway, O. A., & Shapiro, S. J. (2017). *The internationalists: How a radical plan to outlaw war remade the world*. Simon & Schuster.

Hayek, F. A. von. (1996). *Individualism and economic order*. University of Chicago Press [Trad. esp. *Individualismo: el verdadero y el falso*, Unión Editorial, Madrid 2009).

— (2011). *The constitution of liberty: The definitive edition* (The Collected Works of F. A. Hayek). University of Chicago Press. [Trad. esp.: *Los fundamentos de la libertad*, Unión Editorial, 10.ª ed., Madrid 2020).

— (2007). *The road to serfdom: Text and documents – The definitive edition* (The Collected Works of F. A. Hayek, vol. 2). University of Chicago Press. [Trad. esp.: *Camino de servidumbre*, Unión Editorial, 3.ª ed., Madrid 2021].

— (2014). *Denationalisation of money: The argument refined.* CreateSpace Independent Publishing Platform. [Trad. esp.: *La desnacionalización del dinero*, Unión Editorial, Madrid 2024].

Hazlitt, H. (1988). *Economics in one lesson: The shortest and surest way to understand basic economics.* Crown Business. [Trad. esp.: *La economía en una lección*, Unión Editorial, 9.ª ed., Madrid 2024].

— (2016). *The Failure of the New Economics.* Martino Fine Books. [Trad. esp.: *Los errores de la nueva economía*, Unión Editorial, Madrid 2021].

Heidegger, M. (2013). *The question concerning technology, and other essays* (Harper Perennial modern thought; reprint ed.). Harper Perennial Modern Classics.

Hennig, B. (2017). *The end of politicians: Time for a real democracy.* Unbound Digital.

Herbener, J. M. (2011). *Pure time-preference theory of interest.* Ludwig von Mises Institute.

Heyne, P. L., Boettke, P. J., & Prychitko, D. L. (2013). *The economic way of thinking.* Pearson Series in Economics.

Hicks, S. R. C. (2011). *Explaining Postmodernism: Skepticism and socialism from Rousseau to Foucault* (Expanded ed.). Ockham's Razor Publishers.

Higgs, R. (2004). *Against Leviathan: Government power and a free society* (Independent studies in political economy). Independent Institute.

— (2013). *Crisis and leviathan: Critical episodes in the growth of American government* (25th anniversary ed.; Independent studies in political economy). Independent Institute.

— (2006). *Depression, War, and Cold War: Studies in political economy.* Oxford University Press.

— (2015). *Taking a stand: Reflections on life, liberty, and the economy.* Independent Institute.

Hirschman, A. O. (2013). *The passions and the interests: Political arguments before its triumph* (Princeton classics). Princeton University Press.

— (1970). *Exit, voice, and loyalty: Responses to decline in firms, organizations, and states.* Harvard University Press.

Holcombe, R. G. (2016). *Advanced introduction to public choice* (Elgar advanced introductions series). Edward Elgar.

— (2014). *Advanced introduction to the Austrian school of economics* (Elgar advanced introductions series). Edward Elgar.

— (2015). *Producing prosperity: An inquiry into the operation of the market process* (Routledge foundations of the market economy). Routledge.

— (2006). *Entrepreneurship and economic progress* (Routledge foundations of the market economy). Routledge.

Hoppe, H.-H. (2015). *A short history of man: Progress and decline.* Ludwig von Mises Institute. [Trad. esp.: *Progreso & Declive*, 2.ª ed., Unión Editorial, Madrid 2022].

— (2003). *A Theory of Socialism and Capitalism.* Ludwig von Mises Institute. [Trad. esp.: *Socialismo y Capitalismo*, Unión Editorial, Madrid 2025].

— (2001). *Democracy. The God that Failed: Economics and Politics of Monarchy, Democracy and Natural Order* (Perspectives on Democratic Practice). Routledge. [Trad. esp.: *Monarquía, democracia y orden natural*, 4.ª ed., Madrid 2020].

— (2010). *The Economics and Ethics of Private Property: Studies in Political Economy and Philosophy* (2nd ed.). Ludwig von Mises Institute.

— (2015). *The Myth of National Defense: Essays on the Theory and History of Security Production.* Ludwig von Mises Institute.

Horwitz, S. (2015). *Hayek's Modern Family: Classical Liberalism and Evolution of Social Institutions.* Palgrave Macmillan.

Howden, D., & Salerno, J. T. (Eds.). (2014). *The Fed at One Hundred: A Critical View on the Federal Reserve System.* Springer.

Huebert, J. H. (2010). *Libertarianism Today*. Praeger.

Huerta de Soto, J. (2012). *Money, Bank Credit, and Economic Cycles*. Ludwig von Mises Institute. [Original esp.: *Dinero, crédito bancario y ciclos económicos*, Unión Editorial, Madrid 8.ª ed., 2024].

— (2003). *The Mystery of Capital: Why Capitalism Triumphs in the West and fails everywhere else*. Basic Books.

Hülsmann, J. G., & Kinsella, S. (Eds.). (2011). *Property, Freedom, and Society: Essays in Honor of Hans-Hermann Hoppe*. Ludwig von Mises Institute.

— (2008). *The Ethics of Money Production*. Ludwig von Mises Institute. [Trad. esp.: *La ética de la producción del dinero*, Unión Editorial, Madrid 2021].

Humboldt, W. von. (2014). *The Sphere and Duties of Government (The Limits of State Action)*. Martino Fine Books.

Illich, I. (2000). *Deschooling Society* (Open Forum S). Marion Boyars Publishers Ltd.

— (2000). *Limits to Medicine: Medical Nemesis, the Expropriation of Health* (ed. revisada). Marion Boyars Publishers Ltd.

Infantino, L. (2014). *Individualism in Modern Thought: From Adam Smith to Hayek* (Routledge Studies in Social and Political Thought). Routledge. [Trad. esp.: *Individualismo, mercado e historia de las ideas*, Unión Editorial, Madrid 2009].

Irwin, D. A. (1996). *Against the Tide: An Intellectual History of Free Trade*. Princeton University Press.

Joshi, V. (2017). *India's Long Road: The Search for Prosperity*. Oxford University Press.

Juma, C. (2016). *Innovation and Its Enemies: Why People Resist New Technologies*. Oxford University Press.

Kant, I., & Reiss, H. S. (Ed.). (1991). *Kant: Political Writings* (Cambridge Texts in the History of Political Thought). Cambridge University Press.

Kealey, T. (2013, August). *The Case Against Public Science*. Cato Unbound.

— (1996). *The Economic Laws of Scientific Research*. Palgrave Macmillan.

Kengor, P. (2017). *The Politically Incorrect Guide to Communism* (The Politically Incorrect Guides). Regnery Publishing.

Kenny, C. (2012). *Getting Better: Why Global Development Is Succeeding – And How We Can Improve the World Even More*. Basic Books.

Keynes, J. M. (2017). *The General Theory of Employment, Interest and Money: With the Economic Consequences of the Peace* (Classics of World Literature). Wordworth Editions.

Kinsella, S. (2015). *Against Intellectual Property*. Ludwig von Mises Institute. [Trad. esp.: *Contra la propiedad intelectual*, Unión Editorial, Madrid 2019].

Kirzner, I. (2013). *Competition and Entrepreneurship* (The Collected Works of Israel M. Kirzner). Liberty Fund. [Trad. esp.: *Competencia y empresarialidad*, Unión Editorial, 3.ª ed., Madrid 2020].

Knight, F. (2014). *Risk, Uncertainty and Profit*. Martino Fine Books.

Kocka, J. (2017). *Capitalism. A Short History*. Princeton University Press.

Kroeber, A. A. (2016). *China's Economy: What Everyone Needs to Know*. Oxford University Press.

Kuehnelt-Leddihn, E. R. von. (2014). *Liberty or Equality: The Challenge of Our Times*. Ludwig von Mises Institute.

Kuehnelt-Leddihn, E. R. von. (2012). *Menace of the Herd or Procrustes at Large*. Ludwig von Mises Institute.

Kurer, O. (2018). *John Stuart Mill (Routledge Revivals): The Politics of Progress*. Routledge.

— (1996). *The Political Foundations of Development Policies*. UPA Publishers.

Kurlansky, M. (2008). *Nonviolence: The History of a Dangerous Idea* (Modern Library Chronicles). Modern Library.

Kurzweil, R. (2006). *The Singularity Is Near; When Humans Transcend Biology*. Penguin Books.

Lavoie, D. (2015). *Rivalry and Central Planning. The Socialist Calculation Debate Reconsidered* (Advanced Studies in Political Economy). Mercatus Center at George Mason University.

Lesson, P. (2014). *Anarchy Unbound: Why Self-Governance Works Better Than You Think* (Cambridge Studies in Economics, Choice, and Society). Cambridge University Press.

Leonard, T. C. (2017). *Illiberal Reformers: Race, Eugenics, and American Economics in the Progressive Era*. Princeton University Press.

Legutko, R. (2016). *The Demon in Democracy: Totalitarian Tempations in Free Societies*. Encounter Books.

Lenin, V. I. (2011). *State and Revolution*. Martino Fine Books.

Leoni, B. (1991). *Freedom and the Law*. Liberty Fund. [Trad. esp.: *La libertad y la ley*, Unión Editorial, Madrid 3.ª ed., 2010].

Lerch, H. (2011). *An Introduction to Political Philosophy*. CreateSpace Independent Publishing Platform.

Levin, M. R. (2017). *Rediscovering Americanism: And the Tyranny of Progressivism*. Threshold Editions.

Levitsky, S., & Zieblatt, D. (2018). *How Democracies Die*. Crown.

Lewis, H. (2017). *Economics in Three Lessons and One Hundred Economics Laws: Two Works in One Volume*. Axios Press.

— (2009). *Where Keynes Went Wrong: And Why World Governments Keep Creating Inflation, Bubbles, and Busts*. Axios Press.

Lilla, M. (2017). *The Once and Future Liberal: After Identity Politics*. Harper.

Lindsay, B. (2008). *The Age of Abundance: How Prosperity Transformed America's Politics and Culture*. Harper Business Reprint edition.

Lingle, C. (1998). *The Rise and Decline of the Asian Century: False Starts on the Path to the Global Millennium*. Bookworld Services.

Machaj, M. (2017). *Money, Interest, and the Structure of Production: Resolving Some Puzzles in the Theory of Capital* (Capitalist Thought: Studies in Philosophy, Politics, and Economics). Lexington Books.

Mallaby, S. (2017). *The Man Who Knew: The Life and Times of Alan Greenspan.* Penguin Books.

Maltsev, Y. (1993). *Requiem for Marx.* CreateSpace Independent Publishing Platform.

— (2017). *Mass Murder and Public Slavery: The Soviet Experience.* The Independent Review.

Mandeville, B. (1997). *The Fable of the Bees and Other Writings* (Hackett Classics). Hackett Publishing Company.

Marx, K., & Engels, F. (2014). *The Communist Manifesto* (New ed.). International Publishers Co.

McCaffey, M. (2017). *The Economic Theory of Costs: Foundations and New Directions* (Routledge Frontiers of Political Economy). Routledge.

McCloskey, D. (2007). *The Bourgeois Virtues: Ethics for an Age of Commerce.* University of Chicago Press.

McGroarty, E., Robbins, J., & Tuttle, E. (2017). *Deconstructing the Administrative State.* Liberty Hill Publishing.

McLuhan, M. (2011). *The Gutenberg Galaxy.* University of Toronto Press, Scholarly Publishing Division.

Menger, C. (2007). *Principles of Economics.* CreateSpace Independent Publishing Platform. [Trad. esp.: *Principios de economía política*, Unión Editorial, 3.ª ed., Madrid 2020].

Mencken, H. L. (2013). *Notes on Democracy.* CreateSpace Independent Publishing Platform.

Mesquita, B. B. de, & Smith, A. (2012). *The Dictator's Handbook: Why Bad Behavior Is Almost Always Good Politics.* PublicAffairs.

Mierzejewski, A. C. (2014). *Ludwig Erhard: A Biography.* University of North Carolina Press.

Mill, J. S. (2015). *On Liberty, Utilitarianism and Other Essays* (Oxford World's Classics). Cambridge University Press.

Miller, T. (2017). *China's Asian Dream: Empire Building along the New Silk Road*. Zed Books.

Mises, L. von. (2010). *Human Action. The Scholar's Edition.* Ludwig von Mises Institute. [Trad. esp.: *La acción humana*, Unión Editorial, 16.ª ed., Madrid 2024].

— (2005). *Liberalism.* Liberty Fund. [Trad. esp.: *Liberalismo. La tradición clásica*, Unión Editorial, 7.ª ed., Madrid 2011].

— (2012). *Economic Calculation in the Socialist Commonwealth.* Ludwig von Mises Institute.

— (2011). *Interventionism: An Economic Analysis* (Lib Works Ludwig Von Mises PB). Liberty Fund.

Mokyr, J. (2016). *A Culture of Growth: The Origins of the Modern Economy* (Graz Schumpeter Lectures). Princeton University Press.

Mokyr, J. (2014). *Gift of Athena: Historical Origins of the Knowledge Economy.* Princeton University Press.

— (1992). *The Lever of Riches: Technological Creativity and Economic Progress.* Oxford University Press.

Molyneux, S. (2017). *Practical Anarchy. The Freedom of the Future.* CreateSpace Independent Publishing Platform.

Mueller, A. P. (2003). Bubble or New Era? Monetary Aspects of the New Economy. In J. Birner & P. Garrouste (eds.), *Markets, Information and Communication: Austrian Perspectives on the Internet Economy* (pp. 249–261). Routledge.

Muller, J. Z. (2018). *The Tyranny of Metrics.* Princeton University Press.

— (2003). *The Mind and the Market: Capitalism in Western Thought.* Anchor.

Murphy, R. (2009). *The Politically Incorrect Guide to the Great Depression and the New Deal* (The Politically Incorrect Guides). Regnery Publishing.

— (2015). *Choice: Cooperation, Enterprise, and Human Action.* Independent Institute.

Molinari, G. de. (2009). *The Production of Security* (R. Ebeling, Ed.; M. Rothbard, Intro.). CreateSpace. [Trad. esp.: *Sobre la producción de seguridad*, Unión Editorial, Bogotá 2021].

Murray, C. (2016). *In Our Hands: A Plan to Replace the Welfare State.* AEI Press.

— (2015). *By the People: Rebuilding Liberty Without Permission.* Crown Forum.

— (2015). *Losing Ground: American Social Policy, 1950-1980.* Basic Books.

Nietzsche, F. (2017). *The Will to Power.* Independently published.

Niskanen, W. A. (1988). *Reaganomics: An Insider's Account of the Policies and the People.* Oxford University Press.

Norberg, J. (2017). *Ten Reasons to Look Forward to the Future.* Oneworld Publication.

North, D. C. (1990). *Institutions, Institutional Change and Economic Performance* (Political Economy of Institutions and Decisions). Cambridge University Press.

North, G. (2012). *Mises on Money.* Ludwig von Mises Institute.

Novak, M., & Adams, P. (2015). *Social Justice Isn't What You Think It Is.* Encounter Books.

Nozick, R. (2013). *Anarchy, State and Utopia.* Basic Books.

O'Driscoll, G. P., & Rizzo, M. (1996). *The Economics of Time and Ignorance.* Routledge (Foundations of the Market Economy).

OECD (Organization for Economic Cooperation and Development). (2003). *The Sources of Economic Growth in OECD Countries.* OECD.

Oliver, M. J. (2013). *The New Libertarianism: Anarcho-Capitalism.* CreateSpace.

Olson, M. (1971). *The Logic of Collective Action. Public Goods and the Theory of Groups* (2nd printing with new preface and appendix). Harvard University Press.

Oppenheimer, F. (2012). *The State: Its History and Development Viewed Sociologically* (Classic Reprint). Forgotten Books.

O'Rourke, P. J. (2003). *Parliament of Whores: A Lone Humorist Attempts to Explain the Entire U.S. Government*. Grove Press.

— (1999). *Eat the Rich: A Treatise on Economics*. Atlantic Monthly Press.

Ortega y Gasset, J. (1994). *The Revolt of the Masses*. W. W. Norton & Company.

Ostrom, E. (2015). *Governing the Commons: The Evolution of Institutions for Collective Action* (Canto Classics; reissue). Cambridge University Press.

Ostrowski, J. (2014). *Progressivism: A Primer on the Idea Destroying America*. Cazenovia Books.

Palmer, T. (2014). *Realizing Freedom: Libertarian Theory, History, and Practice*. Cato Institute.

Palmer, T. G., Prostel, V., Lindsey, B., & Cowen, T. (2007). *Libertarianism. Past and Prospects* (Cato Unbound Book 32007). Cato Institute.

Parijs, P. V., & Vanderborght, Y. (2017). *Basic Income: A Radical Proposal for a Free Society and a Sane Economy*. Harvard University Press.

Paul, R. (2010). *End the Fed*. Grand Central Publishing.

— (2009). *Revolution. A Manifesto*. Grand Central Publishing.

Pesek, W. (2014). *Japanization: What the World Can Learn from Japan's Lost Decades*. Wiley.

Phelps, E. (2015). *Mass Flourishing: How Grassroots Innovation Creates Jobs, Challenge, and Change*. Princeton University Press.

Pilling, D. (2018). *The Growth Delusion: Wealth, Poverty, and the Well-Being of Nations*. Tim Duggan Books.

Pinker, S. (2018). *Enlightenment Now: The Case for Reason, Science, Humanism, and Progress*. Viking.

— (2012). *The Better Angels of Our Nature: Why Violence Has Declined*. Penguin Books.

Postrel, V. (2011). *The Future and Its Enemies: The Growing Conflict Over Creativity, Enterprise*. Free Press.

Powell, B. (2014). *Out of Poverty: Sweatshops in the Global Economy* (Cambridge Studies in Economics, Choice, and Society). Cambridge University Press.

Powell, J. (2004). *FDR's Folly: How Roosevelt and His New Deal Prolonged the Great Depression*. Crown Forum.

—, & Johnson, P. (2000). *The Triumph of Liberty: A 2,000 Year History Told Through the Lives of Freedom's Greatest Champions*. Free Press.

Qui, I. (2018). *Capitalism Works*. Independently published.

Rachels, C., & Chase Rachels, C. (2015). *A Spontaneous Order: The Capitalist Case for a Stateless Society*. CreateSpace Independent Publishing Platform.

Raico, R. (2012). *Classical Liberalism and the Austrian School*. CreateSpace Independent Publishing Platform.

Raico, R. (2015). *Great Wars and Great Leaders: A Libertarian Rebuttal*. Ludwig von Mises Institute.

Ratner-Rosenhagen, J. (2012). *American Nietzsche: A History of an Icon and His Ideas*. University of Chicago Press.

Rawls, J. (2011). *Justice as Fairness: A Restatement*. Belknap Press.

Rand, A. (1986). *Capitalism: The Unknown Ideal*. Signet.

Reed, L. R. (2015). *Great Myth of the Great Depression*. Foundation for Economic Education.

Reisman, G. (1996). *Capitalism. A Treatise on Economics*. TJS Books.

— (1985). *The Government Against the Economy*. Jameson Books.

Reybrouck, D. van. (2017). *Against Elections: The Case for Democracy*. Random House.

Reynolds, M. O. (1987). *Making America Poorer: The Cost of Labor Law*. Cato Institute.

Richman, S. (2016). *America's Counter-Revolution: The Constitution Revisited*. Griffin & Lash.

Ridley, M. (2011). *The Rational Optimist: How Prosperity Evolves*. Harper Perennial.

Rifkin, J. (2015). *The Zero Marginal Cost Society: The Internet of Things, the Collaborative Commons, and the Eclipse of Capitalism*. St. Martin's Griffin.

Ritenour, S. (Ed.). (2016). *The Mises Reader Unabridged*. Ludwig von Mises Institute.

Roberts, P. C. (2008). *The Tyranny of Good Intentions: How Prosecutors and Law Enforcement Are Trampling the Constitution in the Name of Justice*. Crown.

Rockwell, L., Jr. (2014). *Against the State: An Anarcho-Capitalist Manifesto*. Rockwell Communication.

Rosenberg, N., & Birdzell, L. E. (1987). *How the West Grew Rich: The Economic Transformation of the Industrial World*. Basic Books.

Rosling, H., Rosling Rönnlund, A., & Rosling, O. (2018). *Factfulness: Ten Reasons We're Wrong About the World and Why Things Are Better Than You Think*. Flatiron Books.

Rothbard, M.N. (2014). *Anatomy of the State*. Bhpublishing. [Trad. esp.: *La anatomía del Estado*, Unión Editorial, Madrid 2021].

— (2006). *For a New Liberty: The Libertarian Manifesto*. Create Space Independent Publishing Platform. [Trad. esp.: *Hacia una nueva libertad*, Unión Editorial, 3.ª ed., Madrid 2021].

— (2015). *What Has Government Done to Our Money?* Ludwig von Mises Institute. [Trad. esp.: *¿Qué le hizo el gobierno a nuestro dinero?*, Unión Editorial, Madrid 2019].

— (2011). *Man, Economy, and State with Power and Market* (Scholar's Edition). Ludwig von Mises Institute. [Trad. esp.: *El hombre, la economía y el Estado*, vol. I, Unión Editorial, Madrid 2011; *El hombre, la economía y el Estado*, vol. II, Unión Editorial, Madrid 2013].

— (2000). *America's Great Depression*. L. von Mises I. [T. esp.: *La Gran Depresión*, Unión Editorial, 2.ª ed., Madrid 2020].

Rummel, R. J. (1997). *Death by Government: Genocide and Mass Murder Since 1900*. Routledge.

Rummel, R. J. (2007). *The Blue Book of Freedom: Ending Famine, Poverty, Democide, and War*. Cumberland House Publishing.

Salerno, J. T. (2015). *Money: Sound and Unsound*. Ludwig von Mises Institute.

Say, J.-B. (2013). *A Treatise on Political Economy: Or the Production, Distribution and Consumption of Wealth*. CreateSpace Independent Publishing Platform.

Schiff, P. (2010). *How an Economy Grows and Why It Crashes*. Wiley.

Schmitt, C. (2008). *The Leviathan in the State Theory of Thomas Hobbes: Meaning and Failure of a Political Symbol* (Heritage of Sociology). University of Chicago Press.

— (2007). *The Concept of the Political: Expanded Edition Enlarged Edition with a Commentary by Leo Strauss*. The University of Chicago Press.

Scholland, K. (2011). *The Adventures of Jonathan Gullible: A Free Market Odyssey*. Liberty Publishing.

Schumpeter, J. A. (2017). *Business Cycles: A Theoretical, Historical, and Statistical Analysis of the Capitalist Process* (2 vols.). Martino Fine Books.

— (2009). *Can Capitalism Survive?: Creative Destruction and the Future of the Global Economy*. Harper Perennial Modern Classics.

— (2008). *Capitalism, Socialism, and Democracy* (3rd ed.). Harper Perennial Modern Classics.

— (1989). *Essays: On Entrepreneurs, Innovations, Business Cycles and the Evolution of Capitalism*. Routledge.

— (1981). *Theory of Economic Development* (Social Science Classics Series). Routledge.

Schwab, K., Davis, N., & Nadella, S. (2018). *Shaping the Fourth Industrial Revolution*. World Economic Forum.

Scruton, R. (2017). *Fools, Frauds and Firebrands: Thinkers of the New Left*. Bloomsbury Continuum.

Selgin, G. (2018). *Financial Stability without Central Banks*. London Publishing Partnership.

— (2017). *Money: Free and Unfree*. Cato Institute.

— (2014). *Less Than Zero: The Case for a Falling Price Level in a Growing Economy*. CreateSpace Independent Publishing Platform. [Trad. esp.: *Una regla monetaria no inflacionista*, Unión Editorial, Madrid 2025].

— (1988). *The Theory of Free Banking*. Rowman & Littlefield Publisher. [Trad. esp.: *La libertad de emisión del dinero bancario*, Unión Editorial, Madrid 2011].

Sen, A. (2000). *Development as Freedom*. Anchor.

Sévilla, J. (2017). *Le terrorisme intellectuel* (French Edition). Tempus Perrain.

Shaffer, B. (2009). *Boundaries of Order: Private Property as a Social System*. CreateSpace Independent Publishing Platform.

— (2012). *The Wizards of Ozymandias: Reflections on the Decline and Fall*. CreateSpace Independent Publishing Platform.

Shlaes, A. (2008). *The Forgotten Man: A New History of the Great Depression*. Harper Perennial.

Simon, J. L. (1998). *The Ultimate Resource 2*. Princeton University Press.

Sintomer, Y. (2016). *Das demokratische Experiment: Geschichte des Losverfahrens in der Politik von Athen bis heute* (German Edition). Springer.

Smiley, G. (2003). *Rethinking the Great Depression* (American Ways). Ivan R. Dee Publisher.

Smith, A. (2010). *The Theory of Moral Sentiments*. Digireads.com.

— (2003). *The wealth of nations* (Annotated ed.). Bantam Classics.

Snyder, T. (2017). *On tyranny: Twenty lessons from the twentieth century*. Tim Duggan Books.

Sombart, W. (2017). *The quintessence of capitalism: A study of the history and psychology of the modern business man.* Scholar Select, Andesite Press.

Solzhenitsyn, A. (2003). *The gulag archipelago.* The Harvill Press.

Sowell, T. (2014). *Basic economics.* Basic Books.

— (2011). *Economic facts and fallacies.* Basic Books.

— (2002). *The quest for cosmic justice.* Free Press.

Spencer, H. (2011). *Social statics: Or, the conditions essential to human happiness specified and the first of the developed.* Nabu Press.

Srinivasa, B. (2017). *Americana: A 400-year history of American capitalism.* Penguin Press.

Steil, B. (2018). *The Marshall Plan: Dawn of the Cold War.* Simon & Schuster.

— (2014). *The battle of Bretton Woods: John Maynard Keynes, Harry Dexter White, and the making of a new world order* (Council on Foreign Relations Books). Princeton University Press.

Stirner, M. (2005). *The ego and his own: The case of the individual against authority* (Dover books on Western philosophy). Dover Publications.

Stone, P. (2012). *Lotteries in public life: A reader* (Sortition and public policy). Imprint Academy.

Stringham, E. P. (2015). *Private governance: Creating order in economic and social life.* Oxford University Press.

Susskind, R., & Susskind, D. (2017). *The future of the professions: How technology will transform the work of human experts* (Reprint ed.). Oxford University Press.

Suvorov, V. (2012). *Icebreaker: Who started the Second World War?* PL UK Publishing.

Taleb, N. N. (2018). *Skin in the game: Hidden asymmetries in daily life.* Random House.

Taylor, F. (2015). *The downfall of money: Germany's hyperinflation and the destruction of the middle class.* Bloomsbury Press.

Taylor, M. Z. (2016). *The politics of innovation: Why some countries are better than others at science and technology*. Oxford University Press.

Thiel, P. (2014). *Zero to one: Notes on startups, or how to build the future*. Currency Publishers.

Thornton, M. (2017). *The Bastiat collection*. Ludwig von Mises Institute.

— (2014). *The economics of prohibition*. Ludwig von Mises Institute.

Tilly, C. (1992). *Coercion, capital and European states, A.D. 990–1992*. Wiley-Blackwell.

Tirole, J. (2017). *Economics for the common good*. Princeton University Press.

Tooley, H. (2015). *The great war: Western front and home front*. Palgrave.

Tucker, J. (2012). *A beautiful anarchy: How to create your own civilization in the digital age*. Laissez Faire Books.

Vance, L. M. (2014). *War, empire, and the military: Essays on the follies of war and U.S. foreign policy*. Vance Publications.

Vedder, R. (2004). *Going broke by degree: Why college cost*. AEI Press.

Veryser, H. C. (2013). *It didn't have to be this way: Why boom and bust is unnecessary—and how the Austrian School of economics breaks the cycle* (Culture of enterprise). ISI Books.

Volcker, P., & Gyohten, T. (1992). *Changing fortunes*. Crown.

Walsh, M. (2017). *The devil's pleasure palace: The cult of critical theory and the subversion of the West*. Encounter Books.

White, L. (2012). *The clash of economic ideas: The great policy debates and experiments of the last hundred years*. Cambridge University Press.

— (1999). *The theory of monetary institutions*. Wiley-Blackwell.

— (1992). *Competition and currency: Essays on free banking and money*. New York University Press.

Wisniewski, J. (2018). *The economics of law, order, and action: The logic of public goods* (Routledge advances in heterodox economics). Routledge.

Williams, W. E. (2015). *American contempt for liberty* (Hoover Institution Press Publication). Hoover Institution Press.

— (2011). *Race & economics: How much can be blamed on discrimination?* Hoover Institution Press.

Wolfram, G. (2013). *A capitalist manifesto: Understanding the market economy and defending liberty.* Dunlap Goddard.

Woods, T. E. (2009). *Meltdown: A free-market look at why the stock market collapsed, the economy tanked, and government bailouts will make things worse.* Regnery.

Yergin, D., & Stanislaw, J. (2002). *The commanding heights: The battle for the world economy.* Free Press.

Zelmanovitz, L. (2015). *The ontology and function of money: The philosophical fundamentals of monetary institutions* (Capitalist thought: Studies in philosophy, politics, and economics). Lexington Books. [Original esp.: *La ontología y función del dinero*, Unión Editorial, Madrid 2018].

ANARCOCAPITALISMO: UNA BIBLIOGRAFÍA COMENTADA

Por Hans-Hermann Hoppe

Aquí están las lecturas esenciales sobre el anarcocapitalismo, que también podría llamarse orden natural, anarquía de propiedad privada, anarquía ordenada, capitalismo radical, sociedad de derecho privado o sociedad sin Estado. Esta no pretende ser una lista completa. De hecho, sólo se incluyen las obras en inglés actualmente impresas o de próxima publicación. Tenga en cuenta que se aceptan sugerencias, especialmente para la Sección IV: Escritos agradables.

1. Murray N. Rothbard y Austro-libertarianismo

En lo más alto de cualquier lista de lecturas sobre anarcocapitalismo debe estar el nombre de Murray N. Rothbard. No habría ningún movimiento anarcocapitalista del que hablar sin Rothbard. Su trabajo ha inspirado y definido el pensamiento incluso de libertarios como R. Nozick, por ejemplo, que se han desviado significativamente de Rothbard, ya sea metodológica o sustantivamente. Todo el trabajo de Rothbard es relevante para el tema del anarcocapitalismo, pero de importancia central son:

La Ética de la Libertad, la presentación y defensa más completa de un código legal libertario jamás escrita. Basándose en la tradición del derecho natural y en su estilo de razonamiento axiomático-deductivo, Rothbard explica los conceptos de derechos humanos, propiedad de uno mismo, apropiación original, contrato, agresión y castigo. Demuestra la injustificabilidad moral del Estado y ofrece refutaciones aplastantes de prominentes libertarios estatistas limitados como L. v. Mises, F. A. Hayek, I. Berlin y R. Nozick.

En *Por una Nueva Libertad*, Rothbard aplica principios libertarios abstractos para resolver los problemas actuales del estado de bienestar. ¿Cómo proporcionaría una sociedad sin Estado bienes como educación, dinero, calles, policía, tribunales, defensa nacional, seguridad social, protección ambiental, etc.? Aquí están las respuestas.

Poder y Mercado es el análisis teórico más completo de las ineficiencias y efectos contraproducentes de toda forma concebible de interferencia gubernamental en el mercado, desde controles de precios, cárteles obligatorios, leyes antimonopolio, licencias, aranceles, leyes sobre trabajo infantil, patentes, hasta cualquier forma de tributación (incluido el «impuesto único» propuesto por Henry George sobre la tierra).

El Igualitarismo como Revuelta contra la Naturaleza es una maravillosa colección de ensayos de Rothbard sobre aspectos filosóficos, económicos e históricos del libertarismo, que van desde la guerra y la revolución hasta la liberación de los niños y las mujeres. Rothbard muestra su deuda intelectual tanto con Ludwig von Mises y la economía austriaca (praxeología) como con Lysander Spooner y Benjamin Tucker y la filosofía política individualista-anarquista. Esta colección es la mejor introducción a Rothbard y su programa de investigación libertario.

Concebida en libertad, en cuatro volúmenes, es una historia narrativa integral de la América colonial y el papel de las ideas y movimientos libertarios. Los magistrales dos volúmenes de

Rothbard, *Una perspectiva austriaca sobre la historia del pensamiento económico*, rastrean el desarrollo del pensamiento económico y filosófico libertario a lo largo de la historia intelectual. *El Irreprimible Rothbard* contiene deliciosos comentarios libertarios sobre cuestiones políticas, sociales y culturales, escritos durante la última década de la vida de Rothbard.

Justin Raimondo ha escrito una biografía reveladora: *Murray N. Rothbard: Un Enemigo del Estado.*

La tradición austrolibertaria inaugurada por Rothbard es continuada por Hans-Hermann Hoppe. En *Monarquía, democracia y orden natural*, Hoppe compara favorablemente la monarquía con la democracia, pero critica a ambas por ser ética y económicamente ineficientes, y aboga por un orden natural con proveedores de seguros y seguridad competitivos. Revisa interpretaciones históricas ortodoxas fundamentales y reconsidera cuestiones centrales de la estrategia libertaria. *La Economía y la Ética de la Propiedad Privada* incluye la defensa axiomática que hace Hoppe del principio de autopropiedad y apropiación original: cualquiera que argumente en contra de estos principios está involucrado en una contradicción práctica o performativa.

El Mito de la Defensa Nacional es una colección de ensayos de una asamblea internacional de científicos sociales sobre la relación entre Estado y guerra y la posibilidad de una defensa no estatal de la propiedad por milicias, mercenarios, guerrillas, agencias de seguros de protección, etc.

2. ENFOQUES ALTERNATIVOS AL ANARCOCAPITALISMO

Los siguientes autores llegan a conclusiones similares, pero las alcanzan de diferentes maneras y estilos. Si bien Rothbard y Hoppe son una especie de defensores de los derechos naturales y praxeólogos, también existen defensores utilitarios, deónticos, empiristas, historicistas, positivistas y simplemente eclécticos del anarcocapitalismo.

La Estructura de la Libertad de Randy E. Barnett es un excelente análisis de los requisitos de una sociedad liberal-libertaria desde el punto de vista de un abogado y teórico del derecho. Fuertemente influenciado por F.A. Hayek, Barnett utiliza el término «orden constitucional policéntrico» para referirse al anarcocapitalismo.

La Empresa del Derecho de Bruce L. Benson es el estudio histórico-empírico más completo del anarcocapitalismo. Benson proporciona abundante evidencia empírica sobre el funcionamiento eficiente del orden público producido por el mercado. También es recomendable la secuela de Benson, *Para servir y proteger.*

La Maquinaría de la Libertad, de David D. Friedman, presenta el argumento utilitario a favor del anarcocapitalismo: breve, fácil de leer y con muchas aplicaciones, desde la educación hasta la protección de la propiedad.

Anthony de Jasay favorece un enfoque deóntico de la ética. Sus escritos (en *El Estado, en Elección, Contrato, Consentimiento* y la excelente colección de ensayos *Contra la política*) son teóricos, con un sabor neoclásico y de teoría de juegos. Brillante crítico de la elección pública y la economía constitucional, y de la noción de minarquismo.

El Mercado de la Libertad, de Morris y Linda Tannehill, tiene un claro sabor randiano. Sin embargo, los autores emplean el argumento pro-Estado de Ayn Rand en apoyo de la conclusión anarquista opuesta. Análisis sobresaliente, pero muy descuidado, del funcionamiento de los productores de seguridad competidores (aseguradores, árbitros, etc.).

3. PRECURSORES DEL ANARCOCAPITALISMO MODERNO

El movimiento intelectual anarcocapitalista contemporáneo tiene algunos precursores destacados del siglo XIX y principios del XX. Incluso cuando a veces son deficientes (la cuestión de la propiedad de la tierra en la tradición de Herbert Spencer y la teoría del dinero y el interés en la tradición de Spooner-Tucker), los siguientes títulos siguen siendo indispensables y en gran medida insuperables. (Este listado es cronológico y sistemático, no alfabético)

El innovador artículo de Gustave de Molinari de 1849, La Producción de Seguridad, es probablemente la contribución más importante a la teoría moderna del anarcocapitalismo. Molinari sostiene que el monopolio es malo para los consumidores, y que esto también es válido en el caso de un monopolio de protección. Exige competencia en el ámbito de la producción de seguridad como en cualquier otra línea de producción.

La Estática Social de Herbert Spencer es una destacada discusión filosófica sobre los derechos naturales en la tradición de John Locke. Spencer defiende el derecho a ignorar al Estado. También son muy recomendables sus Principios de Ética.

Auberon Herbert es alumno de Spencer. En *Lo correcto y lo incorrecto de la compulsión por parte del Estado*, Herbert desarrolla la idea spenceriana de igual libertad hasta su fin anarcocapitalista lógicamente consistente. Herbert es el padre del Voluntarismo.

Lysander Spooner es un abogado y teórico del derecho estadounidense del siglo XIX. Nadie que haya leído «Sin Traición», incluido en *Los escritos de Lysander Spooner*, verá jamás el gobierno con los mismos ojos. Spooner hace picadillo la idea de un contrato social.

Una historia concisa del pensamiento anarquista individualista y el movimiento relacionado en los Estados Unidos del siglo XIX, con especial atención a Spooner y Benjamin Tucker, es *El Hombre contra el Estado*, de James J. Martin.

Franz Oppenheimer es un sociólogo alemán anarquista de izquierda. En *El Estado* distingue entre los medios económicos (pacíficos y productivos) y políticos (coercitivos y parasitarios) de adquisición de riqueza, y explica el Estado como instrumento de dominación y explotación.

Albert J. Nock está influenciado por Franz Oppenheimer. En *Nuestro Enemigo, el Estado* explica la naturaleza antisocial y depredadora del Estado y traza una clara distinción entre el gobierno como autoridad voluntariamente reconocida y el Estado. Nock, a su vez, influyó en Frank Chodorov, quien influiría en el joven Murray Rothbard. En sus *Ensayos fugitivos*, una colección de comentarios políticos y económicos pro-mercado y anti-Estado, Chodorov ataca los *Impuestos como un robo*.

4. Escritos agradables

Si bien no se ocupan directamente del tema del anarcocapitalismo y están escritos por autores libertarios o incluso no libertarios poco radicales, lo siguiente es invaluable para una comprensión profunda de la libertad, el orden natural y el Estado.

Los Costes de la Guerra de John V. Denson es una colección de ensayos de un distinguido grupo de eruditos libertarios y paleoconservadores de diversas disciplinas. Expone el carácter agresivo del Estado. Posiblemente el libro contra la guerra más poderoso de todos los tiempos. También es recomendable la colección de Denson Reevaluación de la presidencia sobre el crecimiento del poder estatal.

Secesión, Estado y Libertad de David Gordon es una colección de ensayos de filósofos, economistas e historiadores contemporáneos en defensa del derecho a la secesión.

Friedrich A. Hayek, *Derecho, legislación y libertad*, es un estudio importante sobre la evolución «espontánea» del derecho y la distinción entre derecho versus legislación y entre derecho público y privado.

Bertrand de Jouvenel, *Sobre el Poder*, es un excelente relato del crecimiento del poder estatal, con muchas ideas importantes sobre el papel de la aristocracia como defensora de la libertad y la democracia de masas como promotora del poder estatal. Relacionada, e igualmente recomendable, es su *Soberanía*.

Etienne de la Botie, *La política de la obediencia*, es la clásica investigación del siglo XVI sobre la fuente del poder gubernamental. La Botie muestra que el poder del Estado descansa exclusivamente en la «opinión» pública. Por implicación, se puede hacer que todo Estado se desmorone –instantáneamente y sin violencia alguna– simplemente en virtud de un cambio en la opinión pública.

Bruno Leoni, *La Libertad y la Ley*, es un tratamiento anterior y en algunos aspectos superior de temas similares a los discutidos por Hayek. Leoni describe el derecho romano como algo descubierto por jueces independientes en lugar de promulgado o legislado por una autoridad central y, por tanto, similar al derecho consuetudinario inglés.

Robert Nisbet, *La Búsqueda de la Comunidad* (publicado anteriormente con el título más descriptivo *Comunidad y Poder*) explica la función protectora de las instituciones sociales intermedias y la tendencia del Estado a debilitar y destruir estas instituciones para obtener un control total sobre el individuo aislado.

The Journal of Libertarian Studies. An Interdisciplinary Quarterly Review, fundada por Murray N. Rothbard y ahora editada por Hans-Hermann Hoppe, es un recurso indispensable para cualquier estudiante serio del anarcocapitalismo y la erudición libertaria.

Los siguientes artículos de JLS están más directamente relacionados con el anarcocapitalismo:

Anderson, Terry, y P.J. Hill, The American Experiment in Anarcho-Capitalism, 3, 1.

Barnett, Randy E., Whither Anarchy? Has Robert Nozick Justified the State?, 1, 1.

— Toward a Theory of Legal Naturalism, 2,2.

Benson, Bruce L., Enforcement of Private Property Rights in Primitive Societies, 9, 1

— Customary Law with Private Means of Resolving Disputes and Dispensing Justice, 9,2.

— Reciprocal Exchange as the Basis for Recognition of Law, 10, 1.

— Restitution in Theory and Practice, 12, 1.

Block, Walter, Free Market Transportation: Denationalizing the Rodas, 3, 2.

— Hayek's Road to Serfdom, 12, 2.

Childs, Roy A. Jr., The Invisible Hand Strikes Back, 1,1.

Cuzan, Alfred G., Do We Ever Really Get Out of Anarchy?, 3, 2.

Davidson, James D., Note of Anarchy, State, and utopia, 1, 4.

Eshelman, Larry, Might versus Right, 12, 1.

Evers, Williamson M., Toward a Reformulation of the Law of Contracts, 1, 1.

— The Law of Omissions and Neglect of Children, 2, 1.

Ferrara, Peter J., Retribution and Restitution: A Synthesis, 6, 2.

Fielding, Karl T., The Role of Personal Justice in Anarcho-Capitalism, 2, 3.

Grinder, Walter E., y John Hagel, III, Toward a Theory of State Capitalism, 1, 1.

Hart, David M., Gustave de Molinari and the Anti-Statist Liberal Tradition, 3 partes, 5, 3 a 6, 1.

Hoppe, Hans-Hermann, Fallacies of Public Goods Theory and the Production of Security, 9, 1.

— Marxist and Austrian Class Analysis, 9, 2.

— The Private Production of Defense, 14, 1.

Kinsella, N. Stephan, Punishment and Proportionality, 12, 1.

— New Rationalist Directions in Libertarian Rights Theory, 12, 2.

— Inalienability and Punishment, 14, 1.

Liggio, Leonard P., Charles Dunoyer and French Classical Liberalism, 1, 3.

Mack, Eric, Voluntaryism: The Political Thought of Auberon Herbert, 2, 4.

McElroy, Wendy, The Culture of Individualist Anarchism in Late 19th-Century America, 5, 3.

McGee, Robert W., Secession Reconsidered, 11, 1.

Osterfeld, David, Internal Inconsistencies in Arguments for Government: Nozick, Rand, Hospers, 4, 3.

— Anarchism and the Public Goods Issue: Law, Courts, and the Police, 9, 1.

Paul, Jeffrey, Nozick, Anarchism, and Procedural Rights, 1, 4.

Peden, Joseph R., Property Rights in Celtic Irish Law, 1, 2.

Peterson, Steven A., Moral Development and Critiques of Anarchism, 8, 2.

Raico, Ralph, Classical Liberal Exploitation Theory, 1, 3.

Rothbard, Murray N., Robert Nozick and the Immaculate Conception of the State, 1, 1.

— Concepts of the Role of Intellectuals in Social Change Toward Laissez Faire, 9, 2.

— Nations by Consent: Decomposing the Nation-State, 11, 1.

Sanders, John T., The Free Market Model versus Government: A Reply to Nozick, 1, 1.

Smith, George H., Justice Entrepreneurship in a Free Market, 3, 4 (con comentarios de Steven Strasnick, Robert Formari y Randy Barnett y una respuesta de Smith, en el mismo tema).

Sneed, John D., Order without Law: Where Will Anarchists Keep the Madmen?, 1, 2.

Stringham, Edward, Market Chosen Law, 14, 1.

Tinsley, Patrick, Private Police: A Note, 14, 1.

Watner, Carl, The Proprietary Theory of Justice in the Libertarian Tradition, 6, 3–4.

Fuente:

https://www.lewrockwell.com/2001/12/hans-hermann-hoppe/anarcho-capitalism-2/

SOBRE EL AUTOR

Antony Peter Mueller, nacido en Alemania, es actualmente profesor de economía en la Universidad Federal UFS de Brasil.

A lo largo de su carrera académica, Antony P. Mueller ocupó cargos y realizó investigaciones en universidades de Europa, Estados Unidos, y América Latina. donde fue becario Fulbright.

Sus publicaciones cubren macroeconomía, política monetaria, análisis de riesgo soberano, cuestiones de política social y económica e integración económica y monetaria.

Antony P. Mueller es miembro senior del American Institute of Economic Research (AIER), académico asociado del Ludiwg von Mises Institute, EE. UU., y miembro por mérito. del Instituto Mises Brasileño (IMB). Obtuvo su doctorado en economía *summa cum laude* de la Universidad de Erlangen-Nuremberg, Alemania.

Sitios web: http://www.continentaleconomics.com/
http://capitalstudies.org/
Página del autor en Amazon
https://www.amazon.com/-/e/B07BHF4RG8
CONTACTO: antonymueller@gmx.com

EN LA MISMA COLECCIÓN

COLECTIVISMO BÉLICO
Murray N. Rothbard

CONTRAECONOMÍA
Sek3

MANIFIESTO NEOLIBERTARIO (extendido)
Sek3

ESBOZO DE LA ORGANIZACIÓN POLÍTICA
Y ECONÓMICA DE LA SOCIEDAD FUTURA
Gustave de Molinari

TÍTULOS EN PREPARACIÓN

ANARQUÍA, ESTADO Y UTOPÍA
Robert Nozick

PRIVATIZACIÓN DE CARRETERAS Y AUTOPISTAS
Walter Block

Para más información,
véase nuestra página web
www.unioneditorial.es